Kyle Gray
Hallo Engel!

KYLE GRAY

HALLO ENGEL!

Energie und Heilung erfahren
durch das Wunder des Gebets

Aus dem Englischen übersetzt
von Daniela Graf

Allegria

Im deutschsprachigen Markt ebenfalls erschienen:
Kyle Gray Der Engel-Flüsterer (Reichel Verlag)

Die Originalausgabe erschien 2013 unter dem Titel
ANGEL PRAYERS im Verlag Hay House, Carlsbad, USA

Allegria ist ein Verlag der Ullstein Buchverlage GmbH

ISBN 978-3-7934-2266-2

© der deutschen Ausgabe 2014 by Ullstein Buchverlage GmbH,
Berlin
© der Originalausgabe 2013 by Kyle Gray
Übersetzung: Daniela Graf
Lektorat: Marita Böhm
Umschlaggestaltung: Frankl Design, München
Umschlagillustration: Hay House Inc, Carlsbad, USA
Satz: Keller & Keller GbR
Gesetzt aus der Bembo
Druck und Bindearbeiten:
CPI books GmbH, Leck
Printed in Germany

*Dieses Buch ist
den Tieren unseres Planeten gewidmet,
die manchmal nicht gehört werden.
Ich danke euch Engeln,
dass ihr sie auf ihrer Reise unterstützt!*

Inhalt

Vorwort 9
Prolog 11

Teil I: Das Wunder des Gebets 13

Kapitel 1: Die Macht des Gebets 15
Kapitel 2: Zu Engeln beten 25
Kapitel 3: Das Ausmaß der Dankbarkeit 35
Kapitel 4: Das spirituelle Gesetz der Manifestation 45
Kapitel 5: Dem Himmel ergeben 51
Kapitel 6: Engelsgebete – die Technik 57
Kapitel 7: Das spirituelle Gesetz der Gnade 67
Kapitel 8: Gebete mit Liebe ausrichten 75

Teil II: Verzeichnis der Engel 83

Die Hierarchie der Engel 85
Die Erzengel 89
  Ariel 89
  Azrael 97
  Chamuel 104
  Gabriel 112
  Haniel 118
  Jeremiel 123
  Jophiel 127
  Metatron 131
  Michael 142
  Orion 150

Raguel 157
Raphael 163
Raziel 168
Sandalphon 173
Uriel 180
Zadkiel 184
Maria – die Heilige Mutter 190
Engelaffirmationen 198

Teil III: Verzeichnis der Gebete 201

Einführung 203
Tägliche Gebete 204
Alphabetisches Gebetsverzeichnis 207

Danksagung 235

Vorwort

Gebete sind universell. In jeder Religion oder Glaubensrichtung gibt es Gebete – in welcher Form auch immer. Jeden Tag beten Menschen um Gesundheit, Wohlstand und Erfolg – sogar für eine bessere Ernte. Gebete sind für viele tägliche Routine und für die meisten von uns der letzte Strohhalm in der Not.

Aus welchem Grund auch immer: Viele von uns – wenn nicht alle – werden zugeben, an irgendeinem Punkt ihres Lebens schon einmal um himmlische Hilfe gebeten zu haben. Ich hatte das Vergnügen, viele Seelen kennenzulernen, deren Gebete Wunder bewirkt haben. Aber ich kenne noch viel mehr, die merkten, dass ihre Gebete bisher überhaupt nicht beantwortet wurden. So viele dieser Leute fühlen sich verloren und verwirrt, weil die Engel und die höheren Mächte, an die sie so sehr glaubten, ihnen nicht halfen. Also, warum werden Gebete manchmal nicht beantwortet? Haben wir da etwas übersehen? Gibt es eine bestimmte Art von Gebeten, die zu Ergebnissen führt? Dieses Buch erforscht genau diese Fragen, und Sie werden schockiert sein, wenn Sie erkennen, was Sie die ganze Zeit übersehen haben.

Tauchen Sie mit mir in das Abenteuer meiner neuen Entdeckung ein und lernen Sie, Ihre Gebete zu nutzen – nicht nur, um Gesundheit und Wohlstand zu erlangen, sondern auch, um Ihre Verbindung zu Ihrem Lebensziel, zu den Engeln und zu allem Segen um Sie herum zu stärken. Ihr Schutzengel ist genau in dieser Sekunde bei Ihnen und wartet auf Ihre Einladung, Ihnen in allen Lebensbereichen helfen zu dürfen. Wenn

Sie diese Gebetstechnik täglich anwenden und die Gegenwart der Engel in Ihrem Leben anerkennen, dann weiß ich, dass Wunder in Ihrem Leben passieren werden. Ich habe Engelsgebete Atheisten beigebracht, absoluten Skeptikern sowie Leuten, die seit Jahrzehnten immer nur auf die gleiche Art und Weise gebetet haben – und zwar mit erstaunlichen Ergebnissen.

Denken Sie daran: Sie sind ein kreativer Ausdruck des Universums mit der Kraft, alles zu tun. Erlauben Sie es den Engelsgebeten, Sie auf dieser fantastischen Reise zu unterstützen!

Prolog

Ich werde niemals vergessen, wie ich Gott das erste Mal um Hilfe gebeten habe. Unser Hund Tora, ein West Highland Terrier, den ich über alles liebte, war sehr krank geworden. Er war von einem Nachbarhund angegriffen worden, und seine Gesundheit hatte sich zusehends verschlechtert. Nach einigen Besuchen im Tierkrankenhaus ging es ihm noch immer nicht besser. Eines Tages, als mein Vater wieder mit Tora zum Tierarzt gehen wollte, riet er mir, mich schon mal vorsorglich von ihm zu verabschieden, da er vielleicht nicht wiederkäme. Ich umarmte meinen geliebten Hund und tätschelte seinen Kopf. Ich erinnere mich, dass ich dachte: *Ich will dich nicht verlieren, Tora. Ich brauche dich.*

Meine Eltern hatten Tora 1986 adoptiert, ungefähr zwei Jahre bevor ich geboren wurde. Meine Mum wollte damals unbedingt einen Hund haben, und Dad fand die Idee auch super. Also fuhren sie von Glasgow nach Ayrshire an der Südwestküste Schottlands und verliebten sich auf der Stelle in das kleine weiße Fellknäuel, das sie an diesem Tag dort trafen. Sie nannten es Tora – nach Tora-Kai, dem Karatestil, den mein Dad damals ausübte.

Tora war ein ganz besonderer Hund. Er hatte echt Charakter und wurde von allen vergöttert. Meine Omi, die allergisch gegen Hunde war, trug sogar eine Staubmaske, um ihn trotzdem um sich haben zu können.

Dieser tolle Hund interessierte sich sogar für die Nachrichten. Es gibt wirklich ein altes Schwarz-Weiß-Foto von ihm, wie er die lokale Zeitung liest.

Prolog

Als ich noch ein Baby war, saß Tora immer neben meinem Bettchen, als ob er mich ständig beschützen wollte. Es war, als hätte er die Rolle des großen Bruders übernommen, der sich um das Nesthäkchen der Familie kümmerte. Wir wurden unzertrennlich. Doch nun musste ich hilflos zusehen, wie Dad Tora in eine Karodecke wickelte und auf den Rücksitz des Autos verfrachtete.

»Denkst du, dass Tora wiederkommt, Mum?«, fragte ich ängstlich. »Denkst du, dass er bald wieder okay ist?«

«Ich weiß nicht, Liebling. Aber ich hoffe es so sehr!«, sagte meine Mutter, ihre Tränen unterdrückend. »Geh doch ein bisschen fernsehen, und ich mach derweil das Abendessen.«

Also verzog ich mich in meine Lieblingsfernsehecke. Doch als meine Mutter in der Küche verschwunden war, fiel ich auf die Knie und betete: »Lieber Gott, bitte bring mir meinen Hund zurück! Bitte mach, dass er bald wieder okay ist. Ich hab ihn doch so lieb! Amen.«

Etwa eine Stunde später kam mein Vater zurück – ohne Tora. Tora war eingeschläfert worden.

Ich erinnere mich, wie ich im Korridor mit meinen Eltern weinte. Ich werde nie vergessen, wie ich damals dachte: *Ich wünschte, Gott hätte Tora geholfen.*

Heute, wo meine Augen offen für Gottes Liebe sind, habe ich erkannt, dass meine Gebete damals aber *doch erhört wurden!* Tora war wieder völlig okay. Und er war auch tatsächlich zurückgekehrt – nämlich zu seinem richtigen Zuhause, in den Himmel.

Teil 1

DAS WUNDER DES GEBETS

1

Die Macht des Gebets

Ein Gebet ist wie Wasser – man kann sich nicht vorstellen,
dass es wirklich die Kraft oder Macht besäße,
große Veränderungen zu bewirken.
Doch wie das Wasser kann es die Dinge mit der Zeit
von Grund auf zum Guten wenden.

Jodi Picoult, Sing You Home

Ein Gebet wird definiert als feierliche Bitte um Hilfe oder als Ausdruck der Dankbarkeit – und richtet sich an Gott oder eine höhere Macht.

Es ist der Moment, in dem wir nach Beistand suchen, Veränderungen erbitten, eine Antwort brauchen oder sogar ein Wunder. Wir erlauben einer Macht, die größer ist als wir selbst, uns zu helfen – oder aber wir erkennen, dass diese Macht bereits in uns ist.

Gebete, wie auch Engel, überwinden die Religionen. Sie erheben unsere Gedanken hinauf zum Himmlischen. Sie verbinden uns mit der Liebe Gottes. Gott ist für mich eine Energie mit vielen Namen – die Energie, die durch uns alle fließt und die alles eins macht. Obwohl ich mit den Lehren der christlichen und spiritistischen Kirchen aufgewachsen bin, sehe ich Gott eher als universelle Energie. Ich werde daher häufig zwischen den Begriffen *Gott*, *Universum* und *Leben* hin- und herwechseln. Aber ganz egal, wie man diese Energie auch immer nennen mag, sie ist dazu da, um uns im Leben zu unterstützen und zu leiten.

Wir alle haben schon irgendwann einmal zu Gott gebetet. Nur können sich viele von uns nicht erklären, was unsere Gebete genau bewirken oder wo wir gelernt haben zu beten. Für mich sind Gebete wie metaphysische Medizin.

Sie ermöglichen mir, Hilfe von der ultimativen Unterstützungsstelle zu bekommen. In dem Moment, in dem ich meinen Engeln erlaube, mich zu führen, erlaube ich dem Willen Gottes, die Regie zu übernehmen – anstelle meines eigenen Willens.

Während der Planungsphase für dieses Buch betete ich oft um Führung zu den himmlischen Mächten. Nachdem ich mich ganz dem Fluss dieser höheren Kraft anvertraut hatte, ging ich zu Bett – mit dem metaphysischen Text von *Ein Kurs in Wundern*. Ich zähle schon seit Jahren zu den Schülern dieses spirituellen psychotherapeutischen Kurses. Ich hatte das Lehrbuch schon viele Male gelesen, aber als ich mich an jenem Abend erneut darin vertiefte, fühlte es sich an, als würde Gott zu jeder Zelle meines Wesens sprechen.

Und zwar las ich folgende Stelle: »Gebete können Wunder wirken. Gebete sind die natürliche Kommunikation zwischen der Schöpfung und dem Schöpfer. Durch Gebete erhalten wir Liebe, und diese Liebe zeigt sich durch Wunder.«

Ich bekam überall Gänsehaut oder wie ich sie gern nenne – *Engelshaut*! Und es stimmt ja auch:

Gebete bringen nicht nur Antworten, sondern auch Friedlichkeit in unsere Herzen. Sie stärken unsere Achtsamkeit und drücken Liebe aus – und nichts ist wichtiger als das.

Die Macht des Gebets

Gebete spielten schon immer eine große Rolle in meinem Leben. Bereits mit vier Jahren ging ich zur Sonntagsschule in die Kirche meiner Tante June in der Nähe unseres Zuhauses in Port Glasgow. Ich liebte es, dorthin zu gehen und mehr über Gott zu erfahren und darüber wie sehr er mich liebte. Ich trat auch der *Boys Brigade* bei, einer interkonfessionellen christlichen Jugendorganisation, die Gehorsam, Selbstdisziplin und Respekt lehrte. Sowohl in der Sonntagsschule als auch in der *Boys Brigade* begannen und beendeten wir unsere Treffen mit Gebeten. Und so wurde es schon bald zu einem Teil meines Lebens, jeden Tag mit Gebeten zu beginnen und auch zu beenden. Als ich klein war, betete ich natürlich hauptsächlich um Spielzeug, das ich haben wollte. Und wenn ich es dann bekam, dachte ich: *Wow, das ist jetzt wegen mir passiert – weil* ich *Gott gefragt hab.*

Aber es gab natürlich auch Zeiten, zu denen meine Gebete scheinbar unbeantwortet blieben – wie damals, als Tora eingeschläfert wurde.

Ich glaubte zwar an Gott, aber ich verstand ihn nicht. Trotzdem benutzte ich Gebete, um die Dinge zu bekommen, die ich wollte.

Einmal ging mein Vater mit mir in den Zoo von Edinburgh, und als Erstes gingen wir in mein Lieblings-Fast-Food-Restaurant. Es gab dort einen Wunschbrunnen, und mein Dad gab mir etwas Kleingeld zum Reinwerfen. Als ich damit begann, sagte ich innerlich: *Bitte, Gott, lass mich einen supertollen Tag haben und schenk mir einen Haufen neuer Spielzeuge!* Egoistisch, ich weiß, aber ich war ja erst sechs Jahre alt. Und es wurde tatsächlich ein toller Tag, und mein Vater kaufte mir eine Menge neues Spielzeug – einschließlich eines aufblasbaren Elefanten, den ich unheimlich lieb gewann.

Erst in späteren Jahren habe ich die wahre Kraft von Gebeten erkannt.

Gebete können Berge versetzen. Außerdem finde ich, dass Beten eine wunderbare Weise ist, Dankbarkeit auszudrücken. Bei meiner Arbeit mit Privatklienten oder auch vor großem Publikum habe ich schon häufig Gebete empfohlen – mit oft erstaunlichen Ergebnissen. Um ein Beispiel zu geben:

Neulich habe ich ein Engel-Reading für eine entzückende Dame namens Violet gegeben. Ich wusste eigentlich nichts über sie – außer dass sie der FIFE (Dachverband für Katzenzucht) angehörte und Ende fünfzig war. Wie üblich hatte ich sie instruiert, mir keinerlei weitere Informationen zu geben. Dann, durch ein Gebet, verband ich sie mit ihren Engeln und Verwandten auf der anderen Seite. Im Laufe des Readings erzählten mir ihre Engel, dass sie schlechte Träume hätte, die dazu führten, dass sie in der Nacht oft aufwachte. Sie wurden dadurch ausgelöst, dass sie die Negativität anderer Menschen aufsog.

Ständig kamen Menschen zu ihr und baten sie um Hilfe. Da sie sich seelisch nicht genug abgeschottet hatte, führten diese Energien bei ihr zu Albträumen.

Violet gab zu, dass sie nachts immer wieder aufwachte. Ich empfahl ihr einige Engelsgebete und bat sie, mich in einigen Wochen wieder zu kontaktieren, um mir sagen, wie es ihr so ging. Hier ist eine Abschrift ihrer Nachricht an mich:

»Kyle, Du hast mir ein Engelsgebet für die Nacht gegeben. Ich habe es seitdem jede Nacht benutzt. Ich bin nun nicht mehr zwischen vier und fünf wach, sondern schlafe wie ein Stein … Ich habe seit Jahren nicht mehr so tief geschlafen … Vielen lieben Dank nochmals!«

Die Macht des Gebets

Die Kraft eines Gebets kann zwar überaus verblüffend sein, aber eigentlich ist es doch ganz natürlich: Wenn wir uns mit dem Göttlichen verbinden, laden wir Veränderungen – ja sogar Wunder – in unser Leben ein.

Also, halten Sie mal für einen Moment inne und denken Sie nach! Als Sie das letzte Mal auf die Knie gefallen sind und gebetet haben, hat das funktioniert? Wurde Ihnen überhaupt schon mal auf ein Gebet geantwortet? Ist eine Situation schon mal auf wundersame Weise bereinigt worden, nachdem Sie um himmlische Hilfe gebeten haben? Was war los, wenn ein Gebet nicht beantwortet wurde? Warum denken Sie, ist das geschehen?

All diese Belange werden noch wichtig sein, wenn wir uns ausführlicher mit Gebeten und der Welt der Engel befassen.

Jetzt aber ist es Zeit für ein paar tiefe Atemzüge,
und dann sagen Sie:

»*Danke, ihr Engel,*
dass ihr mich an eure Gegenwart erinnert!«

Werden die Engel Sie erinnern? Achten Sie einfach in den nächsten Tagen darauf, ob Sie irgendwelche Zeichen von ihnen erhalten. Das können Gespräche, Musik oder Federn an ungewöhnlichen Orten sein. Aber auch Träume oder gar ein Besuch von Ihrem Schutzengel! Seien Sie einfach unvoreingenommen und halten Sie die Augen offen ...

Eine Erinnerung vom Himmel

Um Ihnen noch einmal eine Idee zu geben, wie uns Engel an ihre himmlische Gegenwart erinnern – hier ist eine kleine Geschichte, die mir kürzlich widerfahren ist.

Ich war geschäftlich in London und hatte mich entschieden, die Reise einige Tage auszudehnen, um noch ein paar alte Freunde treffen zu können.

Einen von ihnen, Jonny, kannte ich schon seit meiner Teenagerzeit. Er ist fast vier Jahre jünger als ich, aber unser gemeinsamer Musikgeschmack hatte uns zusammengebracht, und so waren wir Kumpels geworden. Eine Zeit lang waren wir sogar ziemlich bekannt dafür gewesen, einigen Mist zu bauen (aber nichts Superernstes!) und es mit unseren Späßen etwas zu übertreiben.

Wir gingen auf das Oberdeck eines großen roten Busses, der uns zum Museum für Naturgeschichte bringen sollte. Es war nur eine Handvoll Leute im Bus, also saßen wir vorne auf nebeneinanderliegenden Sitzen, sodass jeder eine Bank für sich hatte.

Wir lachten und scherzten darüber, wie sich die Dinge verändert hatten und wie erwachsen wir geworden waren.

»Du hast mir immer gesagt, dass ich in London wohnen würde, bevor ich 21 bin!«, sagte Jonny. »Und jetzt sind wir echt hier, zusammen in diesem Bus!«

Er hielt einen Moment lang inne.

»Weißt du«, fuhr er fort, »ich glaube wirklich an Engel. Es ist unglaublich, wie sie uns helfen können.«

»Ja«, antwortete ich, »es ist wirklich unglaublich, was sie für einen Einfluss auf mein Leben haben. Ich spreche zu jeder möglichen Gelegenheit zu ihnen, bete jeden Morgen und liebe die

Die Macht des Gebets

Zeichen, die sie mir senden! Warum danken wir ihnen jetzt nicht dafür, dass sie uns an ihre Gegenwart erinnern, und sehen dann, welche Zeichen sie uns heute bringen?«

Wir sprachen beide mental zu den Engeln und dankten ihnen, dass sie uns an ihre Gegenwart erinnerten und Zeichen sandten.

Unser Gespräch driftete von einem Thema zum anderen, während der Bus uns durch die Straßen fuhr. Und dann passierte etwas Merkwürdiges.

Eine sehr alte Frau, die schwarz angezogen war und eine große Handtasche trug, setzte sich zwischen uns, genau neben Jonny. Es gab so viele leere Sitze um uns rum, da war es seltsam, dass sie sich gerade diesen Platz aussuchte.

Jonny und ich guckten uns an, und Jonny zuckte mit den Schultern und lächelte sein freches Grinsen.

»Hallo«, sagte ich zu der Frau. »Hätten Sie vielleicht Lust, die Plätze zu tauschen, sodass sie eine Bank für sich allein haben? Es ist nämlich so, dass –«, ich zeigte auf Jonny, »– er und ich gehören zusammen. Außerdem hätten Sie dann ja auch mehr Platz.«

»Okay. Ja, das wäre großartig!«, sagte sie mit einem europäischen Akzent, den ich nicht zuordnen konnte, und schaute mich mit stechend blauen Augen an.

Ich stand auf, bot ihr meinen Platz an und setzte mich neben meinen Freund.

Auf einmal machte sie ein *Oh*-Geräusch. Als wir sie ansahen, öffnete sie ihre Hände und zeigte uns einen Schmetterling. »Was soll ich mit ihm machen?«, fragte sie.

»Hier, geben Sie ihn mir, ich lass ihn aus dem Fenster fliegen«, sagte ich.

»Bringen Sie ihn nicht um! Er muss leben!«, sagte sie.

21

Das Wunder des Gebets

Ich nahm den Schmetterling und ließ ihn aus dem offenen Busfenster fliegen.

Ich sah zu der Dame rüber, lächelte und sagte:»Ich hätte ihn sowieso nicht töten können, denn ich bin Vegetarier, ha ha!«»Und ich bin Veganerin«, antwortete sie.

Irgendwie schien sie eine interessante Frau zu sein.»Und wo geht's bei Ihnen heute hin?«, fragte ich sie daher.»Wir gehen ins Museum, um uns Kristalle und Steine anzuschauen. Ich bin schon voller Vorfreude!«

»Ich werde in den Park gehen, um unter den Bäumen zu sitzen und ein bisschen Sauerstoff zu tanken«, antwortete sie. »Das mache ich jeden Tag, weil in der Großstadt Luft nicht gleich Luft ist. Danach gehe ich in die Kirche, um zu beten. Es ist sehr wichtig, an Gott und die Engel zu glauben. Sie müssen wissen, sie sind immer für Sie da! Viele Jahre lang hatte ich meinen Glauben verloren und fühlte mich verloren. Jetzt habe ich ihn zurück und weiß, dass das jetzt wichtiger ist als je zuvor.«

Jonny und ich sahen uns mit offenen Mündern an. Da war sie – die Erinnerung von den Engeln! Konnten sie diese Dame dazu inspiriert haben, sich neben uns zu setzen?

War sie eine Botschafterin des Himmels? Wir konnten den ganzen Tag lang nicht aufhören, darüber nachzudenken.

Nach unserem Museumsbesuch gingen wir einkaufen, bevor wir mit dem total überfüllten Bus nach Hause fuhren. Wir quetschten uns unten rein und hielten uns für vier oder fünf Stationen an der Haltestange fest, bis mindestens 20 Leute das Oberdeck verließen, sodass wir nach oben gehen konnten und auf zwei nebeneinanderliegenden Sitzbänken am Gang Platz fanden. Wir planten gerade, uns unterwegs was Chinesisches zum Abendessen zu besorgen, als mir jemand auf die Schulter klopfte.

Die Macht des Gebets

»Das gibt's nicht! Das gibt's nicht! Das gibt's nicht!«, rief Jonny mit schriller Stimme.

Die Dame, die wir zuvor getroffen hatten, saß genau hinter uns!

Sie guckte uns beide an und sagte nur: »Es gibt keine Zufälle oder Koinzidenzen im Leben, nur Gottinzidenzen!«

Dann drückte sie den Knopf, um den Bus anzuhalten, und ging nach unten. Ich erinnere mich, wie ich aus dem Fenster schaute und meine neue Freundin sich zu uns umdrehte und noch einmal winkte, während der Bus weiterfuhr.

Die Lady war uns mit Sicherheit von den Engeln gesandt worden. Durch Synchronizität und eine perfekt abgestimmte Folge von Ereignissen hatten die Engel uns so an ihre Präsenz erinnert.

2

Zu Engeln beten

*Wir sollten zu Engeln beten, weil sie uns
als Beschützer an die Seite gegeben wurden.*

St. Ambrose

Engel sind immer bei uns. Unser Schutzengel ist seit dem
Tag unserer Geburt bei uns und wird bei uns bleiben, bis
wir in den Himmel zurückkehren. Dieses göttliche Wesen betrachtet uns mit den Augen der
bedingungslosen Liebe. Ohne Wertung, ohne Erwartungen –
alles, was Schutzengel in uns sehen, ist das Potenzial, ein prächtiges Leben zu führen.

Engel werden in allen drei monotheistischen Religionen
(Christentum, Judentum, Islam) erwähnt, aber auch die meisten anderen Glaubenssysteme weisen diese formlosen, spirituellen Wesen auf, wenn auch unter anderen Namen.

Buddhismus und Hinduismus sprechen von Devas – Wesen,
die sich geschwind durch die Luft bewegen und nur von Menschen mit übersinnlichen Kräften gehört und gesehen werden
können. Im japanischen Schintoismus gibt es die Kami – göttliche Wesen, die ebenfalls viele Ähnlichkeiten mit Engeln aufweisen.

Und in vielen indianischen Traditionen spricht man von
Sternahnen und *Himmelsmenschen*.

Seien Sie nicht beunruhigt, wenn Sie die Engel nicht körperlich wahrnehmen. Stellen Sie sich dann einfach Engel vor, und sie werden Ihre Gedanken leiten ...

Engel sind Freunde!

Während all der Jahre, in denen ich nun schon mit diesen phänomenalen Wesen gearbeitet habe, sind die Engel zu meinen Freunden geworden. Ich liebe es, sie um mich zu wissen. Unser Schutzengel ist ein perfekter Freund, der uns unterstützt, wenn wir am Boden sind, der uns zuhört und uns antreibt, wenn es nötig ist, oder der uns auf der Tanzfläche bei unserem Lieblingslied begleitet. Als ich als DJ arbeitete, hat es mich nie überrascht, wenn ich auch Engel mittanzen sah. Engel sind freudvolle Wesen. Nichts lieben sie mehr, als mit uns Spaß zu haben!

Facetten der Liebe Gottes

Engel folgen einem Code: *Liebe*. Sie sind Geschöpfe göttlicher Liebe und wollen einzig und allein, dass wir Glück und Frieden finden. Sie können uns aber nur helfen, wenn wir ihnen die Erlaubnis dazu geben.

Eines der größten Geschenke, die uns gegeben wurden, ist der freie Wille. Im Leben ist alles mehr oder weniger eine Entscheidungsfrage – wohin gehen, was machen, wie reagieren, wie interagieren, wie um himmlische Hilfe bitten ...

Die meisten von uns versuchen es irgendwie und kämpfen sich alleine durch, aber wenn wir Engel in unser Leben einla-

Zu Engeln beten

den, erlauben wir ihnen, unsere Last zu tragen und uns liebevoll an Orte zu führen, wo wir uns sicher fühlen.

Ein Gebet ist der Moment, in dem wir dem Himmel erlauben, uns bei unseren Bemühungen zu unterstützen.

Es ist wirklich wichtig zu erwähnen, dass dieses Buch Sie nicht dazu ermutigen soll, Engel mehr anzubeten als Gott. Der Grund dafür liegt darin, dass Engel Gottes Geschöpfe sind – sie sind Facetten seiner Liebe. Mit ihnen zu arbeiten, sich mit ihrer Energie zu verbinden bringt uns näher zu Gott. Gott ist universell – seine Energie geht über Geschlecht, Status und Anbetung hinaus. Gott ist mit allen lebenden Dingen verbunden. Gott ist das Universum, der Himmel, das Land und das Blut, das in unseren Venen fließt. Gott ist jedermann. Einer meiner liebsten Erdenbürger, Reverend Run, sagte einmal: »Gott ist Liebe.« Und er hatte vollkommen recht.

Nehmen Sie einen tiefen Atemzug und erkennen Sie die Gegenwart des Schöpfers an, indem Sie sagen:

»*Gott ist Liebe. Ich bin Liebe. Wir sind Liebe.*«

Das alles bedeutet, dass das Universum wünscht, uns zu unterstützen. Es will, dass wir Fülle erhalten, da es übergroß ist. Es will, dass wir Liebe empfangen, weil es liebt. Es gibt eine unbegrenzte Energie und Unterstützung für uns. Wenn wir um Hilfe beten, berauben wir niemanden um Hilfe – denn es ist genug für alle da.

»Es ist genug für alle da«
ist eine meiner Lieblingsaffirmationen

So viele Menschen wollen nicht um Hilfe beten oder denken, ihre Situation wäre zu trivial, um Engel damit zu belästigen. Bedenken Sie, dass Ihr Glück *nicht* trivial ist – und auch nicht *unspirituell*. Bei spiritueller Entwicklung geht es darum, den Himmel auf Erden zu schaffen – Glückseligkeit, Fülle, Verbundenheit, Sicherheit und Liebe. Engel können uns dabei helfen. Sie *wollen* uns dabei helfen.

Mit Engeln verbinden

Wenn Sie noch niemals mit Engeln gearbeitet haben, sollten Sie wissen, dass es verschiedene Arten gibt, mit ihnen zu sprechen.

Ich spreche zu den Engeln wie zu einer Macht. Den Begriff *Engel* zu nehmen, um an diese Macht zu appellieren, ist perfekt, weil es für fast alles, was man sich vorstellen kann, einen Engel gibt. Der am besten für Ihre Situation geeignete wird dann auch zur Hilfe kommen.

Eine andere Option, die Sie haben, ist, zu Ihrem Schutzengel zu sprechen. Viele meiner Freunde, die dem katholischen Glauben folgen, wurden dazu seit ihrer Kindheit ermutigt.

Sie brauchen dafür keine Formalitäten – Sie können so tun, als wäre Ihr bester Freund im Raum. Wenn ich mit meinem Schutzengel spreche, plaudere ich einfach drauflos, ganz normal. Alles, was Sie wissen müssen, ist, dass Ihr Engel für Sie da ist und gewillt ist zuzuhören – ohne Sie zu verurteilen! Natürlich ist es schön, ein formales oder spezielles Gebet zu haben,

Zu Engeln beten

um den Respekt gegenüber dem Universum und seinen Schöpfungen auszudrücken, und das traditionelle katholische Gebet für den Schutzengel ist wunderschön. Außerdem ist es kurz und leicht zu behalten. Und ich konnte nicht widerstehen, es hier mit Ihnen zu teilen.

Engel Gottes,
mein lieber Schutzengel,
dem ich durch Seine Liebe anvertraut wurde,
möge er ewig, Tag und Nacht,
an meiner Seite sein, um zu
leuchten und zu wachen,
zu herrschen und zu führen.
Amen.

Engelarten

Sie können auch eine bestimmte Art von Engel rufen. Es gibt eine Hierarchie der Engel, vergleichbar der Rangordnung in einer Firma (siehe Seite 85).
Die verschiedenen Typen von Engeln helfen uns und unserem Planeten auf die unterschiedlichste Weise.

ERZENGEL

Die meisten Menschen haben schon von den Erzengeln gehört. Diese spektakulären Wesen handeln sozusagen als Manager der Engel, überwachen Projekte und Ziele, können aber auch als Schutzengel fungieren. An sie kann jederzeit appelliert werden – sie sind fähig, überall gleichzeitig zu sein, da sie multidimensional sind.

Obwohl es Tausende von Erzengeln gibt, sind manche bekannter als andere, und ich habe ihre Rollen und ihre Weisheiten kurz im zweiten Teil des Buches dargestellt.

FRIEDENSENGEL

Friedensengel sind ein Kollektiv von Engeln, die sich dem Weltfrieden widmen. Wann immer es eine Katastrophe wie Krieg oder Flut gibt, sind diese Engel da und bringen so vielen Menschen wie möglich Frieden. Sie arbeiten unermüdlich für diejenigen, die Verluste erlitten haben, verletzt oder verlassen worden sind. Wann immer ich von eine Weltkrise höre, sende ich Friedensengel, um zu helfen. Das Erstaunliche bei Friedens-

Zu Engeln beten

gebeten ist, dass sie sich miteinander verbinden und so noch kraftvoller wirken. So tragen unsere Gebete zum Frieden bei.

Bedenken Sie, dass Engel nicht helfen können, solange wir sie nicht dazu auffordern. Der Grund dafür liegt darin, dass wir lernen müssen, um Hilfe zu fragen und zu erkennen, dass es mehr im Leben gibt, als wir sehen können. So viele von uns leben ein von unserem eigenen Willen geführtes, unabhängiges Leben, aber wenn wir beten, öffnen wir uns dem himmlischen Willen und erlauben ihm, uns zu unterstützen.

SCHUTZENGEL

Anders als die Erzengel sind Schutzengel ganz nah an uns dran. Wir alle haben unseren persönlichen Schutzengel, aber wir können auch mit dem *Chor* der Engel als Ganzes kommunizieren.

Eins der tollen Dinge bei den Schutzengeln ist, dass wir anderer Menschen Schutzengel ebenfalls ansprechen können. Ich habe das schon mehrfach getan, wenn es eine Meinungsverschiedenheit oder eine heikle Situation gab.

Probieren Sie es aus!

- Das nächste Mal, wenn Sie mit jemandem in einen Streit geraten, es eine angespannte oder schwierige Situation gibt, sprechen Sie einfach mit dem Schutzengel der anderen Person! Danken Sie ihm, dass er die Situation beruhigen und zum Besten aller fügen wird.

ZEREMONIENENGEL

Wann immer eine Zeremonie oder ein Ritual stattfindet, wachen Engel über das ganze Prozedere. Öffentliche Treffen, Hochzeiten, Kindstaufen, Bar-Mizwas – was Sie wollen –, diese Engel sind da. Bei einer Kindstaufe, ganz gleich für welchen Glauben oder welche Religion, überschütten die Zeremonienengel das Kind mit Segnungen, während die Eltern die höhere Macht anerkennen.

Bar-Mizwas sind auch speziell. Sie repräsentieren das Älterwerden und dass man sich von nun an selbst vor Gott behaupten kann. Engel feiern und versammeln sich mit Ihnen – und wenn Sie Ihre innere Stärke anerkennen, dann tun sie es auch.

Wenn Sie eine andere Person heiraten, ist Ihre Energie vor dem Universum miteinander verbunden. Das ist ein magischer Moment! (Wenn eine Beziehung oder ein Bündnis inzwischen beendet ist, Sie sich aber immer noch daran gebunden fühlen, schlagen Sie bitte die Abschnitte »Erzengel Michael« auf Seite 142 und »Erzengel Zadkiel« auf Seite 184 im Verzeichnis der Engel nach. Sie können helfen, alte Verbindungen zu kappen, die Sie nur noch belasten.)

Öffentliche Treffen können auch magisch sein. Ich werde nie vergessen, wie ich den Dalai Lama in Edinburgh gehört habe. Immer wenn er sprach, sah ich Engel um ihn herum. Ihr goldenes Licht umhüllte Hunderte von uns, und es fühlte sich so heilsam an. Mein ganzer Körper kribbelte, und ich war so voller Ehrfurcht, dass ich ganz langsam in einen tiefen Meditationszustand versetzt wurde. Es schien, als ob wir alle eins wurden – ein Geist, eine Energie, nur auf ein Ziel ausgerichtet: Frieden.

Zu Engeln beten

Nun, da Sie mehr über Engel erfahren haben, warum nicht das eigene Seelenlicht nach ihnen ausstrecken? Versuchen Sie Folgendes:

- Sprechen Sie das traditionelle katholische Gebet, um sich mit Ihrem Schutzengel zu verbinden (Seite 196).

- Sprechen Sie zu Ihrem Schutzengel wie zu einem guten Freund. Erzählen Sie ihm Ihre Sorgen in dem Wissen, dass er Ihnen zuhört.

- Wenn Sie über eine spezielle Situation beunruhigt sind, senden Sie Friedensengel dorthin.

- Wollen Sie einige Belange mit Freunden, Kollegen oder Familienmitgliedern bereinigen, sprechen Sie zu deren Schutzengeln und danken Sie ihnen für deren Unterstützung zum Wohle aller.

- Wann immer Sie sich ängstigen oder eine Situation verändern wollen, nehmen Sie einen tiefen Atemzug und affirmieren Sie:

  »Gott ist Liebe. Ich bin Liebe. Wir sind Liebe.«

3

Das Ausmaß der Dankbarkeit

Dankbarkeit beschert Ehrerbietung und erlaubt uns,
tägliche Offenbarungen zu haben, diese transzendentalen
Momente der Ehrfurcht, welche die Art, wie wir das Leben
und die Welt erfahren, für immer verändern.

John Milton

Danke zu sagen hat etwas wirklich Kraftvolles in sich. Denken Sie einmal daran, wie Sie sich für jemanden richtig eingesetzt haben – Sie waren seine Unterstützung, sein Fels, sein Engel. Haben Sie sich nicht erfüllt gefühlt, als er Ihnen sagte: »*Danke.*«? Genau das Gleiche ist es mit dem Universum. Es mag es, uns zu helfen. Doch noch wichtiger: Es mag es, wenn man sich bedankt.

Dankbarkeit fügt unseren Gebeten Energie zu. Sie erlaubt uns, sich von einem Ort der Angst zu einem Ort der Anerkennung zu bewegen.

Befinden wir uns in einem Stadium der Angst, der Ablehnung, des Selbsthasses oder Grolls, so ist das eine ganz andere Geschichte. Was ist das Ego? Es ist die Stimme der Angst, der Teil von uns, der unsere göttliche Intelligenz herausfordert. Es ist der Teil, der uns deprimiert und nicht gut genug fühlen lässt.

Neulich hörte ich Wayne Dyer sagen, das *Ego* sei ein Kürzel für *Edge God Out* (also *Dräng Gott Raus*). Das leuchtete mir total ein! Das Ego drängt Gottes Stimme raus. Es bringt uns dazu, uns einsam zu fühlen, wertend und von anderen getrennt – und das ist das Letzte, was wir wollen, besonders wenn wir auf Antworten auf unsere Gebete hoffen. Wenn wir uns dankbar fühlen, dann wiederum lassen wir Gott rein. Dann sind wir mit der Liebe verbunden. Und da Wunder als Ausdruck von Liebe erscheinen, werden unsere Gebete anfangen, beantwortet zu werden.

Dankbarkeit öffnet das Herz, um zu empfangen

Wenn wir uns auf unsere Segnungen konzentrieren und dafür dankbar sind, dann geschieht etwas Wunderbares: Unbewusst entspannen sich unsere Schultern, und wir beginnen zu lächeln. Wenn wir uns allerdings auf die negativen Sachen in unserem Leben konzentrieren, verspannt sich unser Körper, und wir runzeln die Stirn. Und es ist eine bekannte Tatsache, dass es mehr Energie kostet, die Stirn zu runzeln, als zu lächeln!

Noch etwas passiert, wenn wir uns auf die Dankbarkeit konzentrieren: Wir öffnen unser Herz. Nicht das Herz, das Blut durch unseren Körper pumpt (obwohl ich mich nicht wundern würde, wenn es auch dieses beeinträchtigen würde), sondern das spirituelle Herz, der Teil unserer Seele, der Segnungen in unserem Leben willkommen heißt. Indem wir unser Herz für Segnungen öffnen, öffnen wir uns selbst einem kraftvollen Strom der Unterstützung und der Fülle der Engel.

Das Ausmaß der Dankbarkeit

Engel jubeln, wenn wir uns bedanken. Nichts mögen sie mehr, als uns zufrieden zu sehen. Wenn ich mich bedanke, tanzen und wirbeln meine Engel um mich herum.

Listen Sie fünf Dinge auf ...

»Danke« und »Ich liebe« zu sagen kann genauso leicht sein wie »Ich will nicht« und »Ich hasse«. Ich meide das *H-Wort* wie die Pest. Sobald wir es benutzen, lassen wir zu, dass die Angst die Kontrolle übernimmt.

Ich hatte mal eine höchst bemerkenswerte Klientin namens Ashley. Sie war klug, mit strahlendem Geist – absolut bodenständig, aber gleichzeitig spirituell verbunden. Am Ende unseres Readings sprachen wir noch über die Kraft der Dankbarkeit, und sie sagte, dass sie ihre Kinder immer dazu ermutigen würde. Wann immer diese sagten, dass sie etwas hassen, hört sie sich das an und sagt dann: »Und jetzt nennt mir fünf Dinge, für die ihr dankbar seid!«

Ich sagte: »Was für eine wunderbare Idee, darf ich die ausleihen?« Und wenn ich jetzt jemanden sagen höre, er *verabscheue* oder *hasse* etwas, ermutige ich ihn danach, fünf Dinge zu nennen, die er liebt! Oder fünf Dinge, für die er dankbar ist, oder fünf kleine Segnungen des Tages.

Probieren Sie es jetzt mal! Schließen Sie die Augen, nehmen Sie ein paar tiefe Atemzüge und schauen Sie, ob Sie fünf Dinge finden, für die Sie dankbar sind. Und denken Sie daran: Die Engel hören zu!

Dankbarkeitsbestrebungen

Ich ging neulich in eine Highschool, um über mein Leben und die Kraft der Engel zu sprechen. Ich hatte sieben Vorlesungen an diesem Tag, immer für etwa 30 bis zu 200 Studenten, aber woran ich mich am meisten erinnere, war eine Gruppe von 14 Teenagern, die für ihr Fehlverhalten bekannt war. Obwohl sie als absolute Problemschüler bezeichnet worden waren, empfand ich Sympathie für sie, weil es wahrscheinlich die Klasse gewesen wäre, in der ich selbst gewesen wäre, wenn ich auf diese Schule gehen würde.

Wohlgemerkt, es zerrte schon an den Nerven, als ich einen Polizisten im Klassenzimmer sah. Die Kids störte das aber nicht.

Ich begann, zu ihnen darüber zu sprechen, wie man sich Wunschträume baut, aber die meisten waren mehr daran interessiert, ihre sarkastischen Bemerkungen zu machen. Es war fast das Ende des Schultags, und ich musste mir schleunigst etwas einfallen lassen!

Eine innere Stimme sagte mir:»Praktiziere Dankbarkeit!« Es war wie eine augenblickliche Inspiration.

»Richtig«, sagte ich,»also wer von euch hat einen Traum? Und wer von euch möchte, dass dieser Traum wahr wird?«

Alle rissen ihre Arme hoch, obwohl die meisten immer noch aussahen, als ob sie das alles kaum berührte.

»Nun, es gibt da etwas, das tatsächlich eure Energie fokussiert, um euren Traum wahr werden zu lassen. Wisst ihr, was das ist? Es ist Dankbarkeit.«

»Was ist Dankbarkeit?«, fragte ein besonders provozierender junger Mann in der ersten Reihe.

Das Ausmaß der Dankbarkeit

»Für mich ist Dankbarkeit, den Dingen und Menschen in meinem Leben gegenüber dankbar zu sein – und natürlich gegenüber den Dingen, die noch nicht in mein Leben gekommen sind!«
»Was meinen Sie? Sie sind dankbar für Dinge, die Sie nicht haben?«
»Genauer gesagt«, antwortete ich, »bin ich dankbar für die Dinge, die ich erschaffen möchte.«
Der Junge dachte kurz nach. »Das ist ja eigentlich so ganz cool ...«
»Sollen wir das mal ausprobieren?«
Ich bat die Studenten, zwei Listen zu machen – nummeriert von eins bis fünf. Die erste Liste war für die Dinge, für die sie in ihrem Leben momentan dankbar waren. Die zweite Liste war für *Dankbarkeitsbestrebungen* – für Dinge, von denen sie hofften, diese in Zukunft kreieren zu können. Sie hätten eine Nadel fallen hören können, als jeder, der Polizist inbegriffen, seine Intentionen aufschrieb.
Ich erinnere mich, wie ich einem jungen Mann über die Schulter guckte, während er schrieb:

Ich bin dankbar für:

1. meine Mutter und meinen Vater,
2. meine Xbox,
3. die Gesundheit meines Bruders,
4. gute Freunde,
5. meine neuen Turnschuhe.

Ich war sehr erfreut, dass er die Gesundheit eines Familienmitglieds als großen Segen sah. Aber noch besser war ein weiterer

Punkt seiner Dankbarkeit: *aufgehört zu rauchen*. Ich war wirklich gerührt, dass er in dieser frühen Phase seines Lebens schon daran dachte, seine Verhaltensweisen zu ändern. Und es ging ja darum, zu zeigen, dass Dankbarkeit die Energien völlig verwandeln kann ...

Anerkennung Ihrer Segnungen

Eine gute Übung ist es, jeden Tag mit einer Dankbarkeitsbekundung zu starten.

Normalerweise beginne ich mit: »Lieber Gott, liebe Engel, als Erstes möchte ich mich bei euch für all die Segnungen in meinem Leben bedanken, besonders ...«, – und dann liste ich all die Dinge auf, für die ich an diesem Morgen dankbar bin.

Ich mache das auch im Auto, weil die Stunde Autofahrt zur Arbeit mir die Möglichkeit gibt, all die Dinge aufzulisten, die in meinem Leben richtig toll sind. Wenn ich damit fertig bin, gehe ich an die Dinge, die ich schaffen will oder von denen ich fühle, dass sie mehr Aufmerksamkeit benötigen, und normalerweise manifestieren die sich dann sehr schnell.

Neulich kam ich zu spät zur Arbeit. Dazu konnte ich nicht mal meinen Klienten benachrichtigen, dass ich später kommen würde. Ich mochte den Gedanken überhaupt nicht, dass jemand, der dafür gezahlt hat, mich zu sehen, nun ratlos vor meiner verschlossenen Türe stehen würde. Ich hatte den Schnellzug verpasst, sprang in mein Auto und fuhr in die Stadt.

Sobald ich das Ende meiner Straße erreichte, entschied ich mich, das Radio auszustellen und mich meinen Segnungen zu widmen. Ich wendete mich an die Engel und sagte: »Lasst uns

Das Ausmaß der Dankbarkeit

diesen Tag positiv begehen! Zum einen bin ich so dankbar für dieses wunderbare Auto, das mich sicher zu meiner Arbeitsstelle fährt. Ich bin so dankbar für mein Büro: Es ist so gemütlich, das Ambiente ist einfach super, und es bietet einen so sicheren, geschützten Raum für meine Heilung suchenden Klienten. Ich danke euch Engeln, dass wir zusammen diese Arbeit machen, und dafür, in der Lage zu sein, mich mit dem Himmel zu verbinden, um Informationen zu bekommen. Ich bin so dankbar, dass ich momentan mein Gewicht reduziere, für meine Gesundheit, für meine Eltern, ihre Unterstützung, für die Art, wie mir meine Mutter immer beim Organisieren hilft, und für meine zwei Katzen, die durch ihr Wesen Unschuld und Liebe ausstrahlen!«

Inzwischen fühlte ich mich wohler und einfach besser drauf. Ich passte meinen Geist den Engeln an, und es fühlte sich vollkommen richtig an.

»Danke, ihr Engel«, fuhr ich fort, »dass ihr dafür sorgt, dass ich meinen Zeitplan einhalte, und ihr mich sicher und ohne weitere Hindernisse zur Arbeit geleitet. Es ist so gut, in meinem Büro zu sein und mit meinem Licht zu strahlen!«

Ich sprach mit Dankbarkeit und so, als ob mein Gebet schon erhört worden wäre. Aber nicht nur das, meine Energie war außerdem fröhlich und glücklich, und ich vertraute den Engeln. Und ... jede Ampel schaltete auf Grün, jeder Kreisverkehr war frei. Selbst wo sonst immer Stau war, floss nun der Verkehr. Es war ein Wunder.

Ich machte das Radio an und musste lachen. Justin Timberlake sang davon, die Flügel auszubreiten und loszufliegen. Es fühlte sich an, als ob die Engel mir eine Nachricht schicken wollten, um mich zu ermutigen, meine Flügel auszustrecken und an ihrer Seite durch den Tag zu fliegen.

Ich ergab mich dem Göttlichen, zählte meine Segnungen, kam erstaunlicherweise pünktlich im Büro an und hatte sogar noch Zeit übrig.

Dankbarkeitslisten, Tagebücher und Gefäße

Es gibt viele Arten, Ihre Dankbarkeit auszudrücken! Eine, die eine wirklich herzerwärmende Erfahrung werden kann, ist eine Liste der Danksagungen ans Universum. Sie können ein eigenes Buch dafür nehmen oder zufällig herumliegende Zettel benutzen. Wie auch immer Sie das tun, es kann Ihre Entwicklung wirklich unterstützen.

Mir kam neulich die Idee, ein riesiges Tagebuch anzulegen, um jeden Tag eine Erinnerung niederzuschreiben – auf einem Stück Papier, einer Quittung oder was immer Sie grad zur Hand haben. So hätten Sie eine tolle Sammlung Ihrer wertvollsten Erinnerungen, die Sie noch Jahre später immer wieder ansehen können. Und ich dachte, es wäre sogar noch besser, das mit Dankbarkeitsbezeugungen zu machen!

Während ich diesen Abschnitt schrieb, war ich abgelenkt – durch Facebook. Die oberste Meldung kam von Gabrielle Bernstein, der Autorin von *Spirit Junkie*.

Und hier ist, was sie schrieb: »Wenn wir etwas zu Papier bringen, können Wunder geschehen. Nehmen Sie sich Ihr Tagebuch zur Hand und dokumentieren Sie Ihre Träume. Das Universum liest es.«

Lieben Sie nicht auch solche tollen Synchronizitäten?

Das Ausmaß der Dankbarkeit

Facebook und Twitter

Das Universum liest unsere Gedanken – selbst im Internet oder als Word-Dokument. Das stimmt – alles, was wir da *rausstellen*, wird von dieser mächtigen Energiewelle aufgenommen. Ich bin eines Abends durch einen Traum darauf aufmerksam geworden. Zwei Engel besuchten mich und sagten: »Deine Facebook-Seite wird zu einer Anzeigentafel. Jedes Foto, jedes Statement und jede Emotion, die du mitteilst, wird vom Universum geteilt!«

Nun, das macht Sinn. Doch unglücklicherweise posten so viele Leute nur Trauriges aus ihrem Leben – alles von angegriffener Gesundheit über Kater bis hin zu Beziehungsproblemen. Wenn Sie etwas auf Facebook posten wollen, posten Sie etwas mit Liebe, schöne Fotos und all die Dinge, die Sie lieben. Auf diese Weise werden Sie noch mehr Segnungen erhalten.

Und außerdem können Sie auch Ihre Dankbarkeit teilen!

Also, warum nicht jetzt diese Übungen durchgehen?

- Beginnen Sie den Tag mit Danksagungen!
Denken Sie an all die Dinge, für die Sie dankbar sind, und denken Sie daran, worauf Sie Lust hätten, am nächsten Tag dankbar zu sein – zum Beispiel:
Ich bin dankbar dafür, dass ich heil zur Arbeit komme.
Ich bin dankbar dafür, einen Parkplatz zu finden.
Ich bin dankbar dafür, heute nur positive Begegnungen zu haben.

- Schreiben Sie alle Ihre Segnungen auf ein Blatt Papier, in Ihr Tagebuch oder ins Internet.

- Schreiben Sie, wofür Sie dankbar sind, auf einen Zettel und verschließen Sie ihn in einem hübschen Gefäß.

- Listen Sie fünf Segnungen auf, die Sie bereits haben, und fünf, die Sie noch hinzufügen wollen. Sie schaffen das!

4

Das spirituelle Gesetz der Manifestation

Ihre Vorstellungskraft ist Ihre Vorschau auf kommende Attraktionen des Lebens.

Albert Einstein

Ein Grund dafür, warum Dankbarkeit so wichtig ist: Unsere Vorstellungskraft erschafft tatsächlich unser Leben. Jeder Gedanke, den wir denken, jedes Wort, das wir sprechen, und jedes Gebet, das wir aussenden, trägt dazu bei. Es spielt keine Rolle, ob diese Worte und Gedanken Liebe oder Angst beinhalten, das Universum geht durch das spirituelle Gesetz der Manifestation darauf ein.

Manifestation ist die Fähigkeit, etwas im Leben zu schaffen. Das kann irgendetwas sein, von einer Situation über eine Beziehung bis zu einem Gesundheitszustand. Das Einzige, was man wirklich wissen sollte, ist, dass das Gesetz der Manifestation genau jetzt, auch in diesem Moment, beständig arbeitet.

Viele Menschen haben bereits vom Gesetz der Anziehung gehört, das lehrt, dass wir das anziehen, auf das wir uns konzentrieren. Das Gesetz der Manifestation lehrt uns, dass wir das erschaffen, worauf unser Fokus liegt. Es arbeitet mit dem Gesetz der Anziehung zusammen, das wie ein Magnet wirkt und die Energie der Sache, auf die wir uns fokussieren, anzieht.

Also, worauf legen wir nun unseren Fokus? Sind Sie jemand, der sich ständig Sorgen macht? Wenn dem so ist, dann ist es Zeit, diese alten Gewohnheiten zu ändern! Konzentrieren Sie sich auf das bestmögliche Ergebnis, dann werden Sie das auch auf magische Weise manifestieren. Lesen Sie dazu auch die Abschnitte über die Erzengel Jeremiel und Jophiel im Verzeichnis der Engel (auf den Seiten 123 und 127)! Dies wird Ihr neues, positives Denken unterstützen.

Manifestation und Heilung

Wir können mit dem Gesetz der Manifestation arbeiten, um unseren Körper zu heilen. Neulich hatte ich eine Klientin, die Krebs, was ich als *K-Wort* bezeichne – durchmachte und ihre Gedanken zur Unterstützung ihrer Heilung nutzen wollte.

Ich mochte die Bestimmtheit dieser Dame. Es folgen einige der Tipps, mit denen wir gearbeitet haben, um eine sichere Rückbildung herbeizuführen.

ERZEUGEN SIE LIEBE IN IHREM KÖRPER

Einer der häufigsten Sätze, wenn wir daran denken, von einer Krankheit betroffen zu sein, ist: *Ich werde das bekämpfen.* Wenn Sie auch schon so gedacht haben, möchte ich Ihren Wunsch nach Heilung ehren.

Aber das Wichtigste, was ich Ihnen sagen kann, ist, dass Sie bestimmt keinen *Krieg* in Ihrem Körper erzeugen wollen, indem Sie die Krankheit bekämpfen.

Sie sollten sie eher lieben, bis sie weg ist. Liebe ist die einzige Sache, die Angst auslöschen kann, und Krankheit ist ein Produkt von Angst – ob bewusst oder unbewusst.

Also, der Heilungsweg ist Liebe in Ihrem Körper.

ENTLEDIGEN SIE SICH IHRES NEGATIVEN VOKABULARS

Wenn Sie sagen:»Ich habe«, dann affirmieren Sie damit den Namen Ihrer Erkrankung in Ihrem Körper. Stattdessen sollten Sie die medizinische Diagnose lieber durch einen erbauenden Begriff ersetzen.

Also, statt zum Beispiel zu sagen:»Ich habe Krebs«, könnten Sie sagen:»Mein Körper ist gesund und heil.«

GLAUBEN SIE, DASS SIE SCHON GEHEILT SIND

Eines der besten Werkzeuge der Heilmanifestation ist, zu wissen, dass Sie bereits geheilt sind.

Ich ermunterte meine Klientin, sich als schon komplett geheilt zu sehen, fit und mit im Wind fliegenden Haaren.

Sie hat sich das oft sehr intensiv vorgestellt und bevor sie sichs versah, entsprach es dem wirklichen Leben.

Bedenken Sie, dass das Universum unermesslich ist

Wenn es darum geht, ein besseres Leben zu manifestieren, ob durch Heilung oder durch etwas anderes, denken viele Menschen, dass das selbstsüchtig und falsch wäre, weil die Energie sonst wohin gehen würde. Bedenken Sie, die Energie des Universums ist unbegrenzt. Sie wird niemals zu Ende gehen. Es gibt mehr als genug!

Manifestation und Materialisierung

Das Gesetz der Manifestation erlaubt es uns auch, materielle Fülle zu produzieren. Auch das sehen viele Menschen als Problem. Aber wenn wir ein supertolles Auto kreieren, um von A nach B zu kommen, ein fantastisches Zuhause und mehr Wohlstand als eigentlich nötig, so macht uns das nicht zu einem unspirituellen Wesen. Bedenken Sie, das Universum ist voller Reichtum und Überfluss!

Ich traf kürzlich eine Frau, die hervorhob, dass Menschen, die Dinge manifestieren, andere davon abhalten würden. Ich habe sie schnell korrigiert. Es gibt mehr als genug für jeden, also öffnen Sie Ihr Herz und empfangen Sie die Segnungen, die Ihnen zustehen.

Worauf warten Sie?

- Wenn Sie einen neuen Job bekommen wollen, stellen Sie sich Ihren ersten Lohn vor. Wenn Sie genug Geld

Das spirituelle Gesetz der Manifestation

für eine neue Waschmaschine manifestieren wollen, stellen Sie sich vor, wie Sie die Wäsche rausnehmen und den Duft Ihres Lieblingswaschmittels riechen.

Manifestation, Wunder und Magie

Wenn Menschen die spirituelle Kraft der Manifestation entdecken, wollen sie alles verändern, was ihnen nicht passt. Das ist natürlich absolut verständlich. Wenn wir etwas anfertigen, ändern oder formen, sodass es zu unserem Lebensstil passt, dann ist das wie pure Magie. Doch wir sollten uns nicht darauf versteifen, dass etwas von außen fixiert wird. Die Engel lehren uns, dass wir alle miteinander und mit allem verbunden sind. Um also das beste Resultat zu erzielen, müssen wir selbst die Veränderung sein. Wir müssen die Wunder erzeugen.

Nach außen zu schauen, um Veränderungen zu bewirken, ist magisch. Veränderungen von innen bewirken jedoch wahre Wunder.

Meiner Ansicht nach erschaffen wir ein Leben in Fülle, wenn wir uns daran erinnern, eins mit Gott zu sein, wenn wir uns entschlossen haben zu vergeben und wenn wir sehen, dass uns Wunder zustehen – denn wir *sind* selbst Wunder.

Also, wenn Sie jetzt bereit dazu sind,
sich ein besseres Leben zu erschaffen, hier sind
einige Gedanken, die Sie dabei unterstützen werden:

- Wem müssen Sie vergeben?

- Wie fühlen Sie sich mit dieser Situation?
- Wofür sind Sie dankbar?

Erfolgreiche Manifestation

Nehmen Sie sich etwas Zeit, um sich auf das zu konzentrieren, was Sie manifestieren wollen. Ob es sich um Gesundheit, Wohlstand oder etwas anderes handelt – Sie können nur Ihr eigenes Leben beeinflussen oder ändern, nicht das anderer.

- Vergewissern Sie sich, dass Ihre Gedanken sich auf das bestmögliche Ergebnis richten, und konzentrieren Sie sich dann auf Ihren Weg.

- Visualisieren Sie, was Sie wollen, und tun Sie so, als ob es sich schon in Ihrem Leben manifestiert hat. Stellen Sie es sich genau vor und fühlen Sie es! Sprechen Sie zur Unterstützung dieses Gebet:

»Liebe Engel, ich bin dankbar für diese Manifestation und die Segnungen, die ich bekommen habe.
Ich danke euch für eure Unterstützung dabei!
Und so ist es!«

5

Dem Himmel ergeben

*Beten ist nicht fragen. Beten ist, sich in Gottes Hand
zu begeben, zu seiner Verfügung zu stehen und
aus dem tiefsten Herzen seine Stimme zu hören.*

Mutter Teresa

Manifestation kann uns helfen, ein besseres Leben zu kreieren, aber letztlich werden wir durch Gottes Hände
und Engel unterstützt und nicht durch uns selbst.
Und manchmal verändert sich einfach überhaupt nichts,
trotz bester Anstrengungen. Dann versuchen wir trotzig, unseren Willen durchzusetzen und zu erzwingen, was wir wollen.
Das ist ein klares Zeichen dafür, dass wir in Angst leben und
unser Ego die Kontrolle übernommen hat. Und dann kommt
es dazu, dass wir das Unbekannte fürchten. Wir versuche, gegen
alle Eventualitäten gewappnet zu sein, und das führt uns vom
augenblicklichen Moment weg und hemmt unseren Geist mit
all diesen Fragen, die mit »Was, wenn …?« beginnen. Das Ergebnis? Noch mehr Angst!

An diesem Punkt nun müssen wir uns dem Himmel ergeben. Wenn wir das tun, lassen wir die Angst frei und Liebe herein. Das wird zu Frieden führen. Die Wörterbuchdefinition
von *aufgeben* bedeutet, den Widerstand einem Feind oder Gegner gegenüber zu beenden und sich seiner Autorität zu *unter-*

werfen. Für mich jedoch bedeutet *aufgeben,* sich in die Kontrolle Gottes und der Engel zu begeben.

Dem Lebensfluss vertrauen

Wenn wir uns dem Himmel ergeben, *vertrauen* wir darauf, dass das Leben uns unterstützt. Und wir werden auch unterstützt. Unseren Bedürfnissen wird entsprochen werden. *Vertrauen* Sie darauf, dass es passiert!

Wenn Sie anfangen, ungeduldig zu werden, und fühlen, dass sich die Dinge nicht schnell genug ändern, sind Sie zurück in der Angst. Vertrauen Sie, dass Ihre Gebete beantwortet werden, vertrauen Sie, dass Gott die Kontrolle übernimmt. Vertrauen Sie, dass die Wunderarbeiter, bekannt als Engel, bei Ihnen sind und Sie durchs Leben geleiten – inklusive Timing.

Gott ist niemals zu spät.
Engel sind niemals zu spät.
Das Timing ist immer perfekt.

Geben Sie Ihre Bedenken auf

Sich dem Himmel *ergeben* bedeutet, ihm seine Bedenken zu übergeben. Es spielt keine Rolle, welcher Art diese sind – Probleme zu Hause, auf der Arbeit, mit den Finanzen oder der Gesundheit – wenn wir sie an den Himmel übergeben, können sich Engel einschalten und uns zur Lösung geleiten.

Ist die Lösung nicht die, die wir erwartet oder erhofft hatten, heißt das nicht, dass der Prozess nicht funktioniert. Engel ge-

Dem Himmel ergeben

hen Schritt für Schritt vor, bis wir da sind, wo wir sein wollen. Es ist, als würde man eine Leiter hinaufsteigen – wir können immer nur eine Sprosse auf einmal nehmen. Indem wir einen Schritt tun, wird uns der nächste aufgezeigt. Unsere Herausforderung besteht darin, diese Schritte zu erkennen und den Engeln zu danken, dass sie uns diese aufgezeigt und erhellt haben.

Gebete der Befreiung und der Hingabe

Wenn wir beten, können wir unsere Bedenken an Gott und die Engel übergeben. Es kommt nicht darauf an, an wen man sich wendet. Die Engel arbeiten in Gottes himmlischem Licht und folgen dabei der universellen Balance. Hier sind einige Gebete zur Unterstützung der Hingabe:

Übergeben Sie Ihre Gesundheit

»Himmlische Engel Gottes,
ich übergebe mein Wohlergehen an euch.
Danke, dass ihr mir den Weg zur Gesundheit leitet.
Ich bin heil!«

Übergeben Sie Ihren Wohlstand

»Heilende Engel,
ich übergebe euch meine materiellen Bedürfnisse im Wissen,
dass nun Erfolg und Wohlstand bei mir sind!
Und so ist es!«

Übergeben Sie Ihr Zuhause

»Engel der Harmonie,
ich übergebe euch meine wohnlichen Belange im Wissen,
dass Euer Licht der Heiterkeit diesen Raum bescheint
und alles darin.«

Übergeben Sie Ihre Bestimmung

»Engel des Lebens,
danke dafür, dass ihr meine Bestimmung so liebevoll
geleitet habt, sodass ich mein reinstes Potenzial erreichen kann.
Ich übergebe sie an euch und weiß,
dass ihr mir den Weg zeigt!«

Übergeben Sie Ihre Beziehungen

»Engel der Liebe,
ich danke euch, dass eure sanft heilenden Strahlen
über meine Beziehungen scheinen. Ich übergebe euch
all meine Liebessorgen im Wissen, dass die
entsprechende Verbindung schon geheilt ist!
Und so ist es!«

● Nehmen Sie sich etwas Zeit, um darüber
nachzudenken, was Sie bereit sind, an den Himmel

Dem Himmel ergeben

zu übergeben. Indem Sie das sorgfältig überdenken oder sogar eine Liste schreiben, unternehmen Sie die ersten Schritte in Richtung wunderbares Leben.

- Eine andere gute Idee ist es, den ganzen Tag an Engel zu übergeben und ihnen einfach zu erlauben, uns zu führen. Probieren Sie dieses Gebet:

»Danke, ihr Engel,
dass ihr euer Licht auf meinen Tag strahlen lasst.
Ich übergebe meinen Tag an euch, wissend,
dass mir nur Gutes bevorsteht!
Und so ist es!«

6

Engelsgebete – die Technik

*Wäre das Wort »danke« das einzige Gebet,
das du je sprichst, so würde es genügen.*

Meister Eckhart

In der Sonntagsschule, der *Boys Brigade* und durch die frühen Engelsbücher, die ich las, lernte ich, wie man um Hilfe betet. Es wurde mir beigebracht, um Hilfe zu bitten und dann nach den Antworten Ausschau zu halten. Nun, ich muss sagen, die meiste Zeit über hat das wirklich funktioniert. Jedoch muss ich zugeben, dass ich verblüfft war, wenn es mal nicht funktionierte. Ich wunderte mich, warum – und dann dämmerte es mir langsam.

Wie Sie wissen, verursachen wir nach dem Gesetz der Manifestation, worauf auch immer wir uns konzentrieren. Also, wenn wir ein Gebet ins Universum senden, um in der Zukunft eine Antwort zu erhalten, was erzeugen wir damit? Das Warten auf eine Antwort in der Zukunft. Das ist aber keine große Hilfe, wenn wir unsere Gebete sofort beantwortet haben wollen.

Die andere Sache, die mir auffiel, war, dass ich meine Gebete um Hilfe dadurch verstärkte, dass ich genau definierte, was *nicht* geschehen sollte. Ich gab also genau den Situationen Macht, von denen ich eigentlich befreit werden wollte.

Das Wunder des Gebets

Ich versuche mal, das an einer alltäglichen Situation zu verdeutlichen. Stellen Sie sich vor, Sie sind auf der Autobahn, Ihr Benzin ist fast alle und weit und breit keine Tankstelle in Sicht. Sie hoffen auf die Hilfe der Engel. Sie rufen aus:»Liebe Engel, bitte lasst mein Benzin nicht alle sein! Helft mir, vorher zu einer Tankstelle zu gelangen! Danke!«

Das Erste, was Sie hier getan haben, ist, das Problem auszuformulieren. Das ist gut, aber wenn Sie Ihren leeren Tank fokussieren, ist es das, was dabei herauskommt. Sie haben auch das Wort *bitte* verwendet, als wären Sie besorgt, dass die Engel Ihnen nicht helfen *könnten*, und Sie bestätigen, dass Ihr Benzin alle sein *wird*. Richtig müssten Sie so beten:»Göttliche Engel, ich danke euch, dass ihr mich sicher zur Tankstelle führt. Ich bin hocherfreut, dass ich mehr als genug Benzin habe, um dorthin zu gelangen. Diese Fahrt war ein Kinderspiel, und ich bin so dankbar, dass ihr bei mir seid. Und so ist es!« Sehen Sie den Unterschied?

Was *ist* der Unterschied?

Affirmative Gebete

Das affirmative Beten ist eine metaphysische Technik, bei der man sich – anstatt um eine Antwort in der Zukunft zu bitten – dafür bedankt, dass alles schon wie gewünscht geschehen ist.

Die Technik ist einfach:

- Erkennen Sie die Engel – oder zu wem auch immer Sie beten – an.

Engelsgebete – die Technik

- Danken Sie ihnen für ihre Hilfe.
- Affirmieren Sie, dass die Veränderung schon eingetreten ist.
- Sagen Sie: »*Und so ist es!*« – um zu untermauern, dass Ihr Wunsch bereits erfüllt wurde.

Lassen Sie uns das etwas mehr im Detail betrachten. Durch affirmative Gebete erkennen wir an, dass die Engel uns gerade in diesem Moment führen. Wir drücken Dankbarkeit für diese Führung aus, und wir bekräftigen, dass wir sicher sind.

Wir arbeiten auch mit dem Gesetz der Manifestation, weil wir affirmieren, dass die Engel bei uns sind und unsere Situation bereits gelöst ist. Dankbarkeit ist auch ein sehr wichtiger Faktor.

Ich ermutige Sie, in Ihren Gebeten das Wort »bitte« wegzulassen und es durch das mächtige Wort »danke« zu ersetzen.

Wir müssen die Engel nicht um Hilfe anflehen, denn sie sind dazu da, uns zu helfen. Und das Universum ist so unermesslich, dass es genügend Energie für uns alle gibt, wir müssen also nicht betteln. Wenn wir uns diesem Überfluss mit dem Wort »*danke*« öffnen, empfangen wir ihn jetzt!

Affirmationen

Wenn Menschen von »Affirmationen« sprechen, meinen sie für gewöhnlich tiefgründige und positive Aussagen, die oft genutzt werden, um das Leben zu verbessern. Aber eigentlich ist jede Aussage, die wir treffen, eine Affirmation. Dazu gehört alles von »Jeden Tag der gleiche Mist« über »Ich bin so verkatert« hin zu »Ich habe diese Krankheit«. Der Punkt ist, wenn wir »Ich bin« sagen und danach ein Wort oder eine Phrase, dann lenken wir die Energie dieser Worte auf uns. Eine Affirmation ist eine Erklärung an das Universum, dass etwas wahr ist, und es wird uns zuhören und es wahr werden lassen. Wollen wir also wirklich affirmieren, dass wir verkatert sind? Affirmationen beeinflussen, wie wir uns selbst wahrnehmen, und auch, wie andere uns wahrnehmen. Wenn wir also immer wieder affirmieren, dass wir nicht gut genug sind, dann ist es kein Wunder, wenn alle, die um uns herum sind, das ebenfalls von uns glauben. Wir müssen unsere Affirmationen nicht nur in positive Aussagen verwandeln, sondern sie auch in unsere Gebete einbauen.

* Anstatt zu sagen: »Ich hab solche Angst, Engel, beschützt mich bitte!« – versuchen Sie es mal mit: »Danke, Engel, dass ihr mich beschützt. Ich fühl mich so sicher, weil ich weiß, dass ihr hier seid!«

* Anstatt zu sagen: »Gott, warum bin ich so hässlich? Hilf mir bitte, schön zu sein!« – versuchen Sie es mal mit: »Danke, Gott und ihr Engel, dass ihr mir

Engelsgebete – die Technik

helft, meine innere Schönheit zu entdecken und sie der Welt widerzuspiegeln!«

- Anstatt zu sagen: »Bitte, Engel, helft mir, aus den Schulden rauszukommen!« – versuchen Sie es mal mit: »Danke, Engel für den Reichtum in meinem Leben. Es tut so gut, das alte Gewicht von meinen Schultern abzulegen!«

Probieren Sie es einfach mal für sich aus. Überlegen Sie, was Sie ständig über Ihr Leben aussagen und welchen Einfluss das auf Ihr Leben haben könnte.

Affirmationen und Gefühle

Eine der Aussagen in *The Teachings of Abraham* von Esther und Jerry Hicks, den führenden Autoritäten im Hinblick auf das Gesetz der Anziehung, ist: »Du kannst niemals dünn sein, wenn du dich dick fühlst!« Das ist mir sofort ins Auge gesprungen!

Die folgenden Aussagen habe ich zusammengestellt, damit Sie es noch besser verstehen können:

- Du kannst niemals reich sein, wenn du dich arm fühlst.
- Du kannst niemals geheilt werden, wenn du dich krank fühlst.

Das Wunder des Gebets

- Du kannst niemals schön sein, wenn du dich hässlich fühlst.
- Du kannst niemals akzeptiert werden, wenn du dich abgelehnt fühlst.
- Du kannst niemals beachtet werden, wenn du dich unscheinbar fühlst.
- Du kannst niemals geliebt werden, wenn du Hass verspürst.

Es ist wirklich einfach: Ihre Gefühle und Gebete kommen zusammen – und da haben Sie es! Sie sagen vielleicht:»Leichter gesagt als getan!« Aber ich muss Sie an etwas erinnern: Auch das ist eine Affirmation!

Ein weiterer Punkt zu Gefühlen:

Jedes Mal, wenn Sie die Engel um Hilfe bitten, achten Sie auf das Gefühl, das Sie aussenden. Und dann können Sie es, wenn nötig, verändern.

Das ist der Punkt, an dem uns unsere Übungen mit der Dankbarkeit zugutekommen. Wenn wir den Engeln sagen, wofür wir dankbar sind, erleuchten wir unsere Seele und sind für sie ein Lichtfunke. Wir fühlen uns gut und sind dadurch bereit, unsere Gebete auf das zu fokussieren, was wir erschaffen wollen. Was auch immer es ist – spüren Sie das Gefühl, das Sie haben würden, wenn es schon passiert wäre!

Heilung im Jetzt

Das ist besonders wichtig, wenn es um Heilung geht. Es muss nicht unbedingt körperliche Heilung sein – es kann die Heilung einer Situation sein, einer Beziehung oder einer alten Mentalität. Der Punkt ist, dass die meisten von uns damit verbleiben, auf eine Antwort in der Zukunft zu hoffen.

Wenn wir jenseits der Gegenwart nach einer Antwort suchen, sind wir nicht in einem Zustand der Liebe, sondern der Furcht.

Was wir tun müssen, ist, uns jetzt geheilt zu fühlen, zu wissen, dass die Heilung bereits stattgefunden hat, und unsere Kraft in diesen Moment zu geben, diesen heiligen Augenblick. Letztes Weihnachten bekam ich von meinen Eltern ein Long Board geschenkt. Falls Sie nicht wissen, was das ist: Es ist ein extralanges Skateboard, mit dem man besonders bergab eine erhebliche Geschwindigkeit erreichen kann. Dieses Board war nicht für Skateparks gebaut, aber als Rebell, wie ich einer bin, nahm ich es trotzdem mit dahin. Ich lernte erfolgreich, mit meinem neuen Spielzeug zu skaten, und entschloss mich, ein paar Rampen hinunterzufahren. Und ehe ich michs versah, wollte ich drei auf einmal nehmen! Sie sehen schon, wo das hinführt, nicht wahr? Das Sprichwort »Erst krabbeln, dann laufen!« fällt mir dazu ein. Aber hey, ich hatte mich also fest entschlossen, drei Rampen abwärts auf einmal zu nehmen. Und dann, bevor ich überhaupt losfuhr, wusste ich plötzlich, dass das nicht funktionieren würde. »Ich schaffe das nicht, ich schaffe das nicht« war meine Affirmation. Ich stellte mich auf eine Katastrophe ein!

Das Wunder des Gebets

»Drei, zwei, eins, los!«, riefen meine Freunde, als ich mich abstieß, um eine sechs Meter hohe Rampe hinunterzufahren. Als ich runterschoss, begann ich aus vollem Halse zu schreien: »Aaaaaaah!« Das war auch nicht gerade die beste Affirmation. Als ich die Plattform erreichte und begann abzuheben, merkte ich, dass ich in Richtung einer Rampe steuerte, die einen in die Luft katapultierte. Auf gar keinen Fall würde ich das tun! Ich versuchte, mein Board wegzulenken, aber die Rampe kam immer näher und näher, also entschied ich mich, meinen Fuß abzusetzen. Das war's dann. Mein Fußgelenk knackte, mein Knie poppte hoch – und ich fiel auf die Nase. Danach wurde es noch viel schlimmer – als ich dort lag und mich vor Schmerzen hin- und herwälzte, rannte mein bester Freund Scott mit einer Videokamera zu mir und filmte die ganze Sache auch noch! Ich war beschämt. Ich versuchte aufzustehen – und wusste, dass etwas nicht in Ordnung war. Es war Zeit, nach Hause zu gehen.

Ich hatte Klienten an diesem Abend und während ich ihnen Readings gab, brachte ich es sogar fertig, meine Aufmerksamkeit von dem eigenartigen Stechen in meinem Knie wegzulenken. Aber als ich fertig war, konnte ich nicht mal mehr aufstehen. »Bitte, Engel, heilt mein Knie, heilt mein Fußgelenk. Ich will das alles los sein!«, rief ich aus und sah an die Decke meines Schlafzimmers. In diesem Moment kam meine Mutter hereingeplatzt und sagte: »Die Engel haben mir gerade gesagt, ich soll dich ins Krankenhaus fahren!« Nach einer Stunde im Krankenhaus nahm sich ein Arzt meiner an. Er sagte, ich solle erklären, was mit mir los sei. »Ich erlebe eine Menge intensiver Empfindungen in meinem Knie und Fußgelenk, Herr Doktor«, sagte ich. »Was meinen Sie mit *Empfindungen*?«, fragte er verdutzt. »Er meint Schmerzen! Er möchte dieses Wort nicht

Engelsgebete – die Technik

sagen, aber er meint Schmerzen«, antwortete meine Mutter. »Ich spreche mit Engeln«, erklärte ich, »und sie haben mir gerade gesagt, dass die Bänder im Knie und im Fußgelenk gerissen sind. Kann ich bitte einfach Krücken bekommen?«
»Wir müssen einige Untersuchungen und ein Röntgenbild machen und sehen, ob diese Engel recht haben«, antwortete der verwirrt guckende Arzt. Ich musste einige Übungen in einem dieser wenig schmeichelhaften Krankenhausnachthemden machen und wartete eine weitere Stunde. Endlich kam der Doktor rein, um mir zu sagen: »Sie hatten recht – Ihre Bänder sind gerissen! Sie werden ein paar Wochen nicht laufen können. Wir empfehlen Krücken, und wenn Sie möchten, können wir ein paar Schmerzmittel verschreiben. Sie sollten in vier bis sechs Wochen wieder gesund sein.«
»Ich nehme die Krücken, Sie nehmen die Schmerzmittel – und ich werde am Montag wieder laufen können!«, sagte ich zu ihm. Er lachte nur. Trotz meiner Angeberei zitterte ich auf dem Rückweg mit meinen Krücken vor Angst. Ich hoffte, dass die Zukunft die Lösung bringen würde. Ich erkannte das Hier und Jetzt nicht an. Es war Zeit, um mit Erzengel Raphael und seinen Heilungsengeln zu arbeiten – und zu affirmieren, dass die Heilung bereits geschehen war. Ich wiederholte das folgende Gebet immer wieder und glaubte an jedes Wort:

»Göttliche Engel und Erzengel Raphael, danke für die Heilung, die bereits an meinem Knie und Fußgelenk geschehen ist.
Ich bin frei und kann laufen! Und so ist es!«

Ich erinnere mich, an diesem Abend eingeschlafen zu sein, während ich mir grünes und goldenes Licht vorstellte, das alle Barrieren oder alte Energie aus meinem Körper herausspülte. Am nächsten Tag riskierte ich nichts und blieb den ganzen Tag im Bett liegen, schaute mir meine Lieblingsfernsehserie an und ging ein Arbeitsheft über Chakren durch (mehr dazu unter dem Abschnitt über Metatron, Seite 131). Den ganzen Tag über wiederholte ich immer wieder das Gebet. Am nächsten Tag konnte ich wieder richtig laufen. Und wir gaben die Krücken an jemanden weiter, der sie dringender benötigte!

Gebete und Affirmationen

- Nehmen Sie sich doch mal einen Zettel und etwas Zeit, um darüber nachzudenken, wie Sie Ihre Gebete formulieren. Wenn Sie für etwas in der Hoffnung gebetet haben, dass es in der Zukunft erhört wird, fangen Sie lieber an, dem Himmel dafür zu danken, so als wäre es schon geschehen.

- Eine weitere gute Sache wäre, jede negative Aussage, die Sie treffen, durch eine positive Affirmation zu ersetzen. Meine Lieblingsaffirmation ist:»Die Engel umgeben meinen Tag mit Liebe!« Das ist einfach zu merken und wird definitiv Ihre Gedanken mit den *guten Dingen* füllen.

7

Das spirituelle Gesetz der Gnade

Aber was wir machen können,
fehlerhaft wie wir sind, ist:
Gott in anderen Menschen zu sehen
und unser Bestes dafür zu tun,
ihnen dabei zu helfen,
ihre eigene Gnade zu finden.
Das ist es, worum ich mich bemühe –
das jeden Tag zu tun, dafür bete ich.

Barack Obama

Wir können Affirmationsgebete zum Beten für uns selbst benutzen, aber was ist mit den anderen? In diesem Kapitel schauen wir uns an, wie das Gesetz der Gnade unsere Schuld umwandeln kann, emotional und körperlich, um unsere Beziehungen zu heilen. Außerdem erfahren Sie, wie dieses Gesetz uns erlaubt, für andere zu beten, ohne schlechtes Karma auf uns zu laden.

Göttliche Gnade ist elegante Grazie und wahre Anmut. Es ist eine Essenz, die in uns allen rührt. Sie ist Teil unserer göttlichen Intelligenz, die immer nach einem besseren Weg sucht. Sie ist der Teil, der uns vom Schmerz zur Heilung führt, von der Vergangenheit zur Gegenwart, von der Angst zur Liebe.

Erinnern Sie sich, wie Sie mal mitten in einem Streit waren, Sie fühlten Ihr Blut kochen und gerade als Sie explodieren wollten, hörten Sie diese Stimme: *Mach das nicht. Du musst das nicht machen. Geh weg.* Das ist göttliche Gnade.

Haben Sie jemals einer älteren Dame angeboten, ihr Gepäck zu tragen, oder haben Sie »Gesundheit« zu jemandem gesagt, der auf der Straße geniest hat, oder haben Sie jemandem ein Taschentuch gereicht, der traurig war? Auch das ist göttliche Gnade.

Gnade ist eine spirituelle Qualität, und der Spirit ist Liebe. Wenn wir uns mit Liebe zusammentun, erlauben wir uns, von Gnade geleitet zu werden. Gnade hilft uns, andere zu heilen, und löst Probleme. Es ist das Licht der Engel, die Liebe von Gottes Schöpfung, die stille und ruhige Stimme, die uns alle tröstet.

Wir öffnen uns der Gnade durch Vergebung oder indem wir anderen helfen. Wir leben ein Leben in Gnade, wenn wir uns auf unsere Segnungen fokussieren. Wenn wir voll Gnade sind, wachsen uns energetische Flügel, die uns vorwärts tragen.

Hier ist ein Gebet, um Gnade in unser Leben zu bringen:

»Ich danke euch, ihr Engel der Gnade,
dass ihr mein Leben durch eure Gegenwart segnet!
Ich stehe voll Anmut und Anstand.
Ich bin der Beste, der ich sein kann.
Und so ist es!«

Das spirituelle Gesetz der Gnade

Heilgebete aus Gnade senden

Wenn wir für jemanden beten, führen wir natürlich eine große Handlung aus, aber es kann ihm vielleicht trotzdem nicht helfen – und es kann auch einige karmische Konsequenzen für uns haben. Wenn wir jemandem Heilung senden und er hat seine spirituelle Lektion aus dieser speziellen Situation noch nicht gelernt, so kann diese Energie auf uns zurückfallen und Blockaden bei uns hervorrufen. Oder wenn wir Heilung zu einer Auseinandersetzung zwischen zwei Freunden senden, könnten wir sie davon abhalten, eine Lektion über Harmonie zu lernen. Das wiederum könnte dann eine Lektion für uns zur Folge haben.

Das Gesetz der Gnade, wie auch immer, ist das einzige Gesetz, das über dem Gesetz des Karmas steht.

Es ist das Gesetz, das uns erlaubt, anderen Personen Liebe zu senden und für sie in der Hoffnung zu beten, dass unsere Gebete ihre Seele durchdringen und ihnen die Hilfe bringen, die sie benötigen.

Wenn wir unter dem Gesetz der Gnade beten, schützen wir uns vor jeglichem Fremdkarma und jeder Blockade, die auf uns zurückkommen könnte. Beten wir für eine andere Person und braucht ihre Seele wirklich diese Heilung, so kann das durch das Gesetz der Gnade akzeptiert werden. Wir müssen dazu am Ende des Gebets nur »unter dem Gesetz der Gnade« sagen oder »im Gesetz der Gnade«, um sicherzustellen, dass es passiert.

In meinem Reiki-Training habe ich etwas Ähnliches gelernt: Wir können nur jemandem Heilung schicken, wenn derjenige darum bittet oder es uns erlaubt. Im Allgemeinen ist es das Beste, wenn man diese Erlaubnis hat, aber in Notfällen wird das Gesetz der Gnade sicherstellen, dass die Engel sich dazwischenschalten, falls sie können.

Engel der Gnade einladen

Wenn etwas schiefgeht oder wir nicht wissen, was wir tun können, können wir die Engel der Gnade einladen und ihnen erlauben, uns zur besten Lösung zu führen. Wenn wir für jemanden oder für die Bewältigung einer bestimmten Situation beten, so werden sie uns heilendes Licht schicken, das allen Beteiligten Frieden und Harmonie bringt.

• Wenn Sie also beim nächsten Mal nicht wissen, was Sie in einer Situation tun sollen, heißen Sie die Engel der Gnade willkommen, laden Sie Gott ein, machen Sie Platz für Wunder und Sie werden über die Hilfe, die Ihnen erbracht wird, erstaunt sein.

Solche Situationen können jeden Moment vorkommen.

Neulich ging ich zum Mittagessen zum Haus meiner Freundin Karen. Außerdem wollte ich mir meine Haare machen lassen, denn sie ist Stylistin für Fotosessions und hat schon mit vielen Stars gearbeitet. Karen hatte angeboten, mir einen moderneren Look zu verpassen. Ich bin auch mit ihrer Tochter Ayden befreundet, die ungefähr im gleichen Alter ist wie ich, und so haben wir uns alle zusammen verabredet.

Als Ayden und ich zu Karens Haus kamen, war auch eine ihrer Stylistinnen-Freundinnen da. Überall lagen Bücher mit Frisurbeispielen herum. Ayden kümmerte sich um den Tee, und Karen machte sich gleich daran, mein Haar anzuschauen.

Nachdem sie uns sehr leckeren Earl-Grey-Tee mit Milch und Honig gebracht hatte, musste Ayden zum Arzt, um ein Rezept abzuholen. Zu diesem Zeitpunkt hatte ich einen ulkigen Overall an und allerlei Alufolien für kolorierte Strähnchen im Haar. Ich hatte etwas Musik angemacht und spielte Karen gerade mein neuestes Lieblingsstück vor, als Ayden zurückgerannt kam und verstört fragte: »Mami, kannst du mal für eine Minute kommen?«

»Was ist passiert?«, stieß Karen hervor.

»Eine Katze ist hier überfahren worden, und ich weiß nicht, was ich tun soll!«

»Kyle!«, schrie Karen. Ich rannte zur Tür.

Ich sah die Straße runter und entdeckte einen Typ, der eine große Katze in seinen Händen hielt. Im Innern sagte ich zu mir: »Danke euch Engeln und besonders Erzengel Ariel, dass ihr mir sagt, was zu tun ist!«

»Sei unbesorgt – ich übernehme das«, sagte ich zu Karen, als ich zu dem Mann lief.

Die Katze lag mit dem Kopf nach oben in seinen Armen und wand sich vor Schmerzen. Sie war grau getigert mit schwarzen Flecken und grünen Augen.

Der Mann schaute mich an und sagte: »Ich weiß nicht, was ich tun kann. Ich fühle mich so schlecht.«

»Machen Sie sich keine Sorgen«, sagte ich. »Geben Sie sie mir. Ich werde jetzt beten.«

Das Wunder des Gebets

Ayden, Karen und ihre Freundin standen alle um mich herum, als ich die Katze nahm und eine Hand auf ihren Kopf legte. »Danke, Engel und Erzengel Azrael, dass ihr diese Katze in den Himmel geleitet«, sagte ich ruhig. »Es ist Zeit für sie, nach Hause zurückzukehren.« Fast genau in diesem Moment hörte die Katze auf, sich zu winden. Sie war übergetreten.

»Sie ist jetzt im Himmel, Leute – es ist okay!« Ayden war todtraurig. Sie ist eine wunderschöne und sehr sensible Seele. Ich riet ihr, zum Arzt zu gehen und uns den Rest zu überlassen. Ich sagte auch dem Mann, dass er sich nicht schuldig fühlen sollte. Das sind halt Sachen, die passieren. Ich bat Karen um ein Handtuch, um die Katze einzuwickeln und ihr so etwas Würde zu geben. Nachbarn versammelten sich um uns, um zu sehen, was los war, während ich das wunderbare Geschöpf einwickelte. Ich rief die SSPCA (Schottische Tierfürsorge) an, um zu hören, wie wir der Katze einen positiven Abschied geben könnten. Man sagte mir, sie würden sich um das tote Tier kümmern und ich könne es wieder abholen, wenn es keinen Eigentümer gäbe. Es stellte sich heraus, dass sie eine streunende Katze war und von einem Nachbarn gefüttert worden war. Eine weitere Nachbarin bot an, sie auf einem Feld neben ihrem Haus zu begraben, bei ihren anderen verstorbenen Haustieren. Wir hielten es für das Beste und stimmten zu.

Karens Freundin sagte mir: »Weißt du, mit dem, was du gemacht hast, hast du die ganze Situation wunderbar aufgefangen. Es war ja ganz schön ergreifend – wie eine Welle der Gelassenheit für uns alle.«

Als wir zurück ins Haus gingen, sah ich den wunderschönsten Regenbogen über uns. Ich nahm das als Zeichen, dass die Kleine die Brücke zum Himmel sicher überquert hatte.

Das spirituelle Gesetz der Gnade

Mit dem Gesetz der Gnade arbeiten

Genauso wie man einer Person oder einer Situation Heilgebete unter dem Gesetz der Gnade senden kann, können Sie auch positive Gedanken an Menschen schicken. Wenn ich einen Notarztwagen, ein Polizei- oder Feuerwehrauto mit Blaulicht vorbeifahren sehe, sage ich immer so etwas wie: »Danke, ihr Engel, dass ihr Licht und Heilkraft zu dieser Situation sendet und alle unter dem Gesetz der Gnade involviert.«

Sie können auch Heilgebete für Folgendes senden:

- Tierrechte und Umweltkampagnen
- Entwicklungsländer
- Wohltätigkeitsaktionen
- einen Freund oder ein Familienmitglied
- jeden, von dem Sie denken, dass er von etwas positiver Energie profitieren könnte
- ein vergangenes Ereignis, das noch Heilung braucht.

8

Gebete mit Liebe ausrichten

Wunder treten als natürlicher Ausdruck
von Liebe in Erscheinung.

Ein Kurs in Wundern

Alles im Universum trägt eine Schwingung – uns eingeschlossen – und unsere Schwingung kann unsere spirituelle Verbindung beeinträchtigen und die Effektivität unserer
Gebete. Befinden wir uns in einem Stadium der Angst, erzeugen wir eine Mauer um uns herum, und unsere Stimme wird
nicht erhört. Befinden wir uns in einem Stadium der Liebe,
erheben wir uns in den Himmel, und unsere Gebete werden
intensiviert.

Ich habe herausgefunden, dass meine Readings und überhaupt meine spirituelle Verbindungen weit besser funktionieren, wenn ich an einem ruhigen und zentrierten Ort bin. Natürlich funktionieren sie auch, wenn nicht alles 100-prozentig
ist, aber wenn ich fokussiert bin, ist es, als ob ich eine Breit-
bandverbindung habe anstelle eines Einwahlmodems.

Hier sind einige leichte Wege, um Ihren Gebeten mehr
Liebe einzuflößen.

Entlasten Sie sich von allen Beschwerden

Wenn wir an Groll und Beschwerden festhalten, speziell bei etwas, das wir in Gebete einschließen, ist die Chance groß, dass diese Beschwerden die Engel dabei blockieren, für uns Antworten zu finden.

Ressentiments sind wie Barrikaden, die uns in Angst und Trennung lassen. Wir fühlen uns von unserem Schutzengel abgeschnitten und letztlich von Gott. Andererseits – wenn wir vergeben, verbinden wir uns wieder mit unserer wahren spirituellen Essenz und unsere Seele mit der Liebe.

Im *Ein Kurs in Wundern* heißt es: »Vergebung erhebt die Dunkelheit, verschafft Ihrem Willen wieder Bedeutung und lässt Sie auf eine Welt aus Licht blicken!«

(Lesen Sie auch die Abschnitte über die Erzengel Jeremiel und Zadkiel auf den Seiten 123 und 184, um Näheres über Vergebung und Barmherzigkeit zu erfahren.)

Umgeben Sie sich mit goldenem Licht

Da Engel Wesen des Lichts sind, können wir ihre Energie zu uns ziehen, indem wir uns vorstellen, dass wir in goldenes Licht getaucht sind. Gold ist die Farbe spiritueller Erkenntnis und Weisheit.

Wenn wir das um uns visualisieren, entzünden wir unseren Geist, greifen wir in die Tiefen unserer spirituellen Erkenntnis und öffnen uns für Wunder.

Am besten machen Sie es so:

Gebete mit Liebe ausrichten

- Sitzen Sie mit gerader Wirbelsäule. Die Füße sind auf dem Boden, etwa beckenbreit auseinander.
- Erlauben Sie Ihren Händen, im Schoß zu ruhen, die Handflächen nach oben.
- Schließen Sie die Augen, nehmen Sie drei tiefe Atemzüge in Ihren Solarplexus und während Sie atmen, denken Sie: *Entspannen, Entspannen, Entspannen.*
- Stellen Sie sich ein wunderschönes goldenes Wesen vor, das hinter Ihnen steht.
- Sehen Sie die gefederten Flügel, die Sie beschützend umspannen.
- Stellen Sie sich vor, wie dieses goldene Wesen ein goldenes Licht über Sie gießt – vom Kopf bis zu den Zehen.
- Erlauben Sie dem Licht, sich auf Ihren ganzen Körper auszudehnen. Sehen Sie das Licht durch Ihr Blut fließen.
- Fokussieren Sie sich auf ein Gebet, am besten in affirmativer Form, an die Engel.
- Sprechen Sie nun Ihr Gebet.
- Wenn Sie fertig sind, danken Sie den Engeln und öffnen Sie Ihre Augen.

Machen Sie einen Siegestanz

Das ist etwas, das mir mein Freund David Hamilton beigebracht hat. Er erklärte mir bei einem Workshop in Glasgow, dass, wenn er Dinge manifestieren möchte, er so handelt, als ob sie schon passiert wären. Und er persönlich macht dann einen Siegestanz!

Ich mochte dieses Konzept und habe auch damit angefangen. Als ich dieses Buch schreiben wollte, dankte ich den Engeln, dass sie mich unterstützen. Ich stellte mir vor, wie ich das fertige Buch in meinen Händen hielt und sagte:»Danke, danke, danke!« Und dann fing ich an zu tanzen, ravte und machte den Moonwalk in meinem Büro, als ob ich gerade die beste Nachricht der Welt bekommen hätte, und sang dabei immer wieder »This is how we do it« von Montell Jordan. Als ich mich dabei im Spiegel sah, konnte ich nicht anders und lachte mich schlapp.

Nur zwei Minuten später, nachdem ich wieder runtergekommen war, klingelte mein Telefon. Meine Agentin rief mich an, um mir zu sagen, dass ich mich für ein nächstes Buch bereitmachen sollte! Ich war total überrascht, wie schnell das passiert war, und rief:»Clare, das ist ein Wunder!«

Es wurde sogar noch besser, als ich meine E-Mails öffnete und eine Bestätigung für eine Fernsehshow fand, in der ich über meine Arbeit mit Engeln sprechen sollte!

Ich wette, Sie fragen sich jetzt, wie man einen Siegestanz tanzt, oder?

● Sprechen Sie ein Gebet und erkennen Sie an, dass das, was Sie wollten, schon passiert ist.

Gebete mit Liebe ausrichten

- Fühlen Sie die Begeisterung und die einströmenden Glücksgefühle über diese wunderbaren Segnungen.
- Vielleicht rufen Sie »Tschuckutschukutschuku!« aus oder machen sonst einen Sound, der diese Leistung für Sie repräsentiert.
- Danken Sie den Engeln!
- Heben Sie die Arme und schütteln Sie sich ein bisschen.
- Erfinden Sie Ihren ureigenen Tanzschritt, tanzen Sie ihn und fühlen Sie die Ekstase!

Ich tanze jetzt immer meinen Siegestanz, wenn ich mich auf meine Intentionen fokussiere. Ich tanze den Siegestanz auch, wenn etwas klappt und wenn ich etwas erreicht habe. Es fühlt sich einfach großartig an. Siegestanzen Sie sich auf den Weg zu beantworteten Gebeten!

Denken Sie einen Sicherheitsgedanken

Es ist sehr wichtig, einen Gedanken zu haben, bei dem man sich sicher und stark fühlt. Wenn Ihr Ego sich einmischt und Sie das Schlimmste fürchten lassen will, kann es sehr schwer sein, den Geist davon wegzulenken.

Aus diesem Grund habe ich mich entschlossen, mit einem Sicherheitsgedanken aufzuwarten, der mir hilft, mich auf das Schöne zu konzentrieren.

Das Wunder des Gebets

Mein Sicherheitsgedanke ist seit einigen Jahren immer der gleiche geblieben: Es ist eine Sonnenblume. Was ich mache – ich stelle mir also eine strahlende Sonnenblume in gleißendem Sonnenlicht vor. Manchmal fange ich an, mir eine mental zu malen, manchmal ein Blütenblatt oder mal das wunderschöne braune Zentrum – oft mit einem lächelnden Gesicht –, um mich auf Freude fokussiert zu halten. Und zu dem Zeitpunkt, wo ich den wunderschönen, langen grünen Stängel und einen roten Blumentopf hinzugefügt habe, bin ich schon ganz im Zentrum der Ruhe.

Ich habe meine Liebe zu Sonnenblumen einmal vor einem Publikum geteilt, und kurz vor Weihnachten letzten Jahres hat einer der Studenten ein wunderschönes Buch über Sonnenblumen mit Bildern und Gedichten auf meine Treppenstufen gelegt. Ich guck da oft rein.

Wenn ich mit Klienten an Sicherheitsgedanken arbeitete, dann waren manche äußerst kreativ. Eine Person visualisierte sich als Tiefseetaucher, wie er mit den wunderschönsten tropischen Fischen und Delfinen um sich herum sanft im Ozean schwamm. Andere haben sich als lachende, am Strand spielende Kinder vorgestellt oder sich auf ihre eigenen Kinder fokussiert, entweder, indem sie ihre Fotos ansahen, oder indem sie sich an die Liebe und Freude erinnerten, als sie sie zum ersten Mal sahen.

Tipps zum Kreieren von Sicherheitsgedanken

- Suchen Sie sich etwas aus, das Sie niemals vergessen können! Etwas, das Sie fühlen lässt, dass das Leben und die Liebe das Beste sind.

Gebete mit Liebe ausrichten

- Stellen Sie sicher, dass es etwas ist, womit Sie gern Zeit verbringen und das Sie sich gut in Gedanken ausmalen können.
- Verwenden Sie dazu helle und frohe Farben, die den Geist erfreuen.
- Lächeln Sie von Ohr zu Ohr, wenn Sie daran denken.
- Wenn Sie Probleme haben, etwas zu visualisieren, tragen Sie ein taschengroßes Bild Ihres Sicherheitsgedankens bei sich.

Sie können jederzeit Ihren Sicherheitsgedanken benutzen, wenn Sie sich sicher und stark fühlen wollen, und sogar, wenn Sie sich bereits verbunden fühlen, da es helfen kann, positiv zu bleiben.

Zünden Sie eine Kerze an

In der katholischen Tradition ist es üblich, dass man eine Kerze für jemanden oder als Unterstützung eines Gebets anzündet. Auch bei den Wikkas und anderen Naturreligionen ist das ein beliebter Brauch. Wie auch immer – Engel lieben Kerzen, weil sie so hell brennen.

Wenn ich eine Kerze anzünde, versuche ich immer, an etwas Positives zu denken, weil für mich dann die Flamme diese Intention trägt.

Nur so etwas zu sagen wie »Danke, ihr Engel, für die Segnungen in meinem Leben«, während Sie eine Kerze anzünden, kann Ihnen wirklich mehr Segen bescheren.

Ich persönlich mag es, eine Kerze anzuzünden, wenn ich für eine andere Person bete, weil ich möchte, dass das Licht dabei ist, um in ihr Leben zu leuchten, und ich sie so zu einem Ort führen kann, wo ihr Problem gelöst wird.

(Lesen Sie auch die Passage über Friedenskerzen im Abschnitt über die Heilige Mutter auf Seite 190.)

Teil 2

VERZEICHNIS DER ENGEL

Die Hierarchie der Engel

Engel sind multidimensionale Wesen. Ihre Energie und ihre bedingungslose Liebe sind so gewaltig, dass sie an vielen Plätzen zugleich sein können – ohne Einschränkungen. Es gibt eine große Hierarchie unter den Engeln, bestehend aus drei Schichten, die man Sphären nennt. Jede Sphäre enthält drei Gruppen, bekannt als Chöre.

Erste Sphäre

Die erste Sphäre beinhaltet Engel, die als *himmlische Berater* bekannt sind.

SERAPHIM

Die Seraphim bilden die höchste Ordnung im Reich der Engel. Sie sind so fest mit der universellen Lebenskraft verbunden, dass sie sicherstellen, dass alle Energie, die von dort herstammt, genau dahin geht, wo sie hinsoll.

Seraph bedeutet die *Verbrannten*. Diese Engel sind Flammen der universellen Liebe. Man sagt, sie haben sechs Flügel. Sie sind bekannt für ihre himmlischen Stimmen, und es wird berichtet, dass wundersame planetarische Veränderungen stattfinden, wenn sie singen. Viele Texte besagen, dass sie immerfort Lobpreisungen Gottes singen.

CHERUBIM

Cherub bedeutet *Fülle der Weisheit,* und diese Wesen sind Gottes Chronisten. Sie sind innig verbunden mit der Akasha-Chronik, dem Buch des Lebens, das jedes Event, das jemals im Kosmos passiert ist, auflistet.

Man sagt, Cherubim dirigieren den göttlichen Willen des Universums. Sie haben vier Gesichter und vier Flügel, sodass sie in jede Richtung schauen und fliegen können.

THRONE

Die Throne sind mit der Abwicklung von Veränderungen des Bewusstseins im Universum betraut. Erzengel Metatron und Sandalphon (Seite 131 und Seite 173) haben nahe Beziehungen zu diesem Chor, wie das *on* in ihren Namen zeigt.

Das Wort *Throne* bezieht sich auf den *Stuhl Gottes,* und man sagt, dass diese Wesen durch das Lebensnetz selbst ihre Arbeit verrichten. Sie wurden außerdem schon als *Räder aus Licht* gesehen.

Zweite Sphäre

Die Engel werden hier als *universelle Gouverneure* bezeichnet.

HERRSCHAFTEN

Herrschaft bedeutet hier auch *Lordschaft,* denn diese kraftvollen Wesen haben einen wahren Sinn für Präsenz und Würde. Sie regulieren die Rollen jedes anderen Engels, außer denen

Die Hierarchie der Engel

der ersten Sphäre. Man sieht sie, wie sie Kugel und Zepter halten, um ihre Autorität zu präsentieren. Sie kümmern sich aber auch um Nationen und internationale Situationen.

MÄCHTE

Die Mächte sind die Engel, welche die Entwicklung der Natur beobachten. Ihr Name bedeutet *Bollwerk*. Sie gewähren Segnungen für individuelle Länder.

GEWALTEN

Die Gewalten sind der Engelchor, der uns ständig daran erinnert, dass es bessere Wege gibt als Krieg und Zerstörung. Diese Wesen channeln Gnade und Mitleid, und sie ermutigen uns alle, am Planeten und aneinander anteilnehmend zu sein.

Die Gewalten können uns vor negativer Energie beschützen. Sie können diese sofort beseitigen, weil ihre Augen mit göttlicher Liebe brennen.

Dritte Sphäre

Das sind die *Botschafterengel*, die *Hüter* und *Krieger,* die den Planeten und die Menschen, die auf sie bauen, beschützen.

FÜRSTENTÜMER

Die Fürstentümer, deren Name *Gebieter* bedeutet, sind die Beschützer der Spiritualität und spiritueller Texte. Diese göttlichen Wesen versorgen uns mit Stärke, wenn es mal besonders hart wird. Sie haben eine starke Verbindung zu Weltführern und Aktivisten, besonders zu denjenigen, die sich wahrhaftig für Veränderungen auf unserem Planeten einsetzen. Sie ermutigen unsere inneren Führer, unterstützen unsere ureigene Kraft und inspirieren uns, Frieden zu finden.

ERZENGEL

Die Erzengel sind der bekannteste Engelchor, weil sie in abrahamitischen Texten wie der Tora, der Bibel und dem Koran erwähnt werden. Sie sind die *Boss-Engel*, die über die Schutzengel wachen. Erzengel werden immer als riesige Wesen gesehen – groß, voller Leben und ein Werkzeug oder Symbol ihrer spirituellen Bestimmung tragend. Zum Beispiel sieht man Erzengel Michael oft mit einem flammenden Schwert als Zeichen seiner Fähigkeit, die Schnüre, die uns an die Vergangenheit binden, zu cutten.

In den folgenden Kapiteln werde ich detaillierter auf jeden der wichtigsten Erzengel eingehen.

ENGEL

Dieser Chor der Engel schließt die Schutzengel mit ein, die sich um uns und unsere täglichen Belange kümmern. Das sind die Engel, zu denen wir beten, wenn wir »Danke, ihr Engel …« sagen.

Diese Engel sind in ihrer Erscheinung wahrscheinlich den Menschen am ähnlichsten. Sie nehmen unser Aussehen an, damit wir sie besser verstehen. Und sie wurden geschaffen, um Hand in Hand mit uns zusammenzuarbeiten.

Die Erzengel

Ariel

Ariel bedeutet *Löwin Gottes,* und dieser Erzengel ist ein mächtiger Engel mit Mut und Stärke. Wenn Sie sich mit ihrer Energie verbinden, sollten Sie sich sofort erhaben und stark fühlen. Wenn ich mich hellseherisch mit Ariel verbinde, sehe ich eine große schwarzafrikanische Frau. Sie hat einen kräftigen Hals, breite Schultern und feurig orangefarbene Augen. Ariel hat die göttlichste goldene Aura, die man sich vorstellen kann – wohlig wie ein warmes Feuer im Winter.

Sie mag zwar ein mächtiger Kriegsengel sein, dennoch ist sie aber auch sehr anmutig. Wenn sie einen Raum betritt, erleuchtet sie alles aus ihrem Inneren.

Ariel bietet großartige Unterstützung, wenn man standhaft bleiben möchte und durchsetzungsfähig.

Viele Menschen denken, durchsetzungsfähig zu sein wäre nicht spirituell. Aber wenn Sie kontinuierlich auf die negative Seite von Situationen gezogen werden, oder »Ja« sagen, obwohl Sie in Wirklichkeit »Nein« meinen, geben Sie Ihre Stärke her. Manchmal müssen Sie daher einfach standhaft sein.

Diese Botschaft von Ariel ist für Sie:

»Es ist sicher für dich, kraftvoll zu sein und deine Stimme zu erheben. Klar zu sein darüber, was du in deinem Leben akzeptieren willst und was nicht, ist sehr befreiend. Wenn du jemandem erlaubst, über dich zu bestimmen, gibst du

ihm deine Kraft. Ich komme in Liebe zu dir, mit einem Stups der Unterstützung, um dich zu ermutigen, die Kontrolle zu übernehmen. Wenn du weißt, dass du sicher bist, dann bist du es auch wirklich!«

Der Engel der Tiere

Ariel ist der Engel der Tiere und hat eine spezielle Verbindung zu denjenigen, die wild und obdachlos sind. Sie ist auch sehr hilfreich für Haustiere. Sie kann uns beistehen, wenn diese verstört, bockig oder unverständig sind – aber auch, wenn sie im Sterben liegen.

Wenn man an Ariel appelliert, kann sie Tieren große Heilung bringen. Sie steht auch Tierschutzaktivisten immer zur Seite und ist die Stimme, die Tiere manchmal nicht haben.

Ich wurde von Ariel gebeten, Sie daran zu erinnern, dass sich Haustiere und andere Tiere verloren vorkommen, besonders wenn sie lange Zeit mit einer Person oder einem anderen Tier gelebt haben und deren Übergang in den Himmel erlebt haben. Wenn Sie ein Tier kennen, das so etwas durchgemacht hat, appellieren Sie an Ariel um Hilfe. Ansonsten kann es sehr traumatisierend für diese Tiere sein, besonders da sie nicht äußern können, was sie fühlen.

Wenn ich es mit einem Tier zu tun habe, das Zuneigung oder Streicheleinheiten braucht, dann lege ich meine Hände auf und sage:»Du wirst geliebt, du bist in Sicherheit und heil!« Das können Sie auch tun. Stellen Sie sich dabei das schönste goldene Licht vor, das vom Himmel in das Tier fließt. Seien Sie sicher, dass ihm das helfen wird, um wieder gesund zu werden.

Tierführer

Viele von uns haben einen Tierführer, der Unterstützung und Botschaften bringt. Wenn Sie wie ich eine enge Beziehung zu Tieren haben, dann arbeiten Sie mit Ariel zusammen, denn sie wird Ihnen den Eingang zum Tierreich öffnen und dabei helfen, sich mit Ihrem Tierführer zu verbinden. Obwohl ich sagen muss, dass Sie dann auch gewappnet sein sollten, zu den verrücktesten Zeiten plötzlich Tieren helfen zu müssen.

Meditation, um Verbindung mit dem Tierführer aufzunehmen

- Nehmen Sie einige langsame, tiefe Atemzüge – atmen Sie länger aus als ein.

- Stellen Sie sich vor, Sie seien von Kopf bis Fuß in goldenes Licht gehüllt. Fühlen Sie die Sie umgebenden Engel aus Licht.

- Sagen Sie:

  »Danke schön, Erzengel Ariel und Tierführer, dass ihr mir nahegekommen seid und mich an eure Gegenwart erinnert habt! Ich bin bereit, mich mit euch zu verbinden!«

- Schließen Sie die Augen und gehen Sie auf eine innere Reise zu einem Ihrer Lieblingsplätze – einem Strand, einem Wald oder einer Burg.

Wenn Sie ankommen, wird Ihr Tierführer auf
Sie warten, zusammen mit Ihrer Vision von Ariel.

- Stellen Sie Ihrem Führer Fragen, danken Sie ihm,
  dass er Ihnen den Weg zeigt und Sie mit seiner
  Essenz verbindet.

- Wenn Sie fühlen, dass Sie Antworten zu Ihren
  Fragen bekommen haben, interagieren Sie mit
  Ihren Tierführern und danken Sie ihnen,
  dass sie bei Ihnen sind und Ihrem Zweck dienen.
  Verfolgen Sie Ihre Spuren zurück in Ihre körperliche
  Welt. Zappeln Sie mit Ihren Fingern und Zehen
  und öffnen Sie die Augen!

- Es ist immer gut, Wasser und ein wenig Süßes
  dabeizuhaben, um sich nach einer Meditationsarbeit
  zu erden.

Hier sind einige der Führer, die Sie treffen könnten, und ihre
Bedeutung:

Bär:
Der Bär steht für Entspannung und Gemütlichkeit. Sie sollten
sich zurücklehnen und Ihre Gedanken und Sorgen für ein
Weilchen vergessen. Genau wie ein Bär sollten Sie sich in Ihre
Höhle begeben, an Ihren sicheren Platz, und die Seele einfach
mal baumeln lassen.

Die Erzengel

Katze:
Der Geist der Katze kann uns so viel beibringen. Katzen liegen stundenlang herum und denken alles durch, bevor sie sich entschließen, sich zu bewegen. Also, wenn eine Katze Ihr Führer ist, dann werden Sie ermutigt, das Pro und Kontra Ihrer Situation genau abzuwägen, bevor Sie etwas unternehmen. Ihre Intuition wird Sie führen.

Hund:
Der Hund ist das Symbol für Vertrauen. Als *bester Menschenfreund* hilft Ihnen der Geist des Hundes zu verstehen, wer vertrauenswürdig ist, und zeigt, wann es sicher ist, zu vertrauen.

Delfin:
Delfine bringen Freiheit und Freude. Haben Sie Spaß, seien Sie nicht zu ernst und machen Sie jetzt das Beste aus Ihren Erfahrungen. Falls Sie davon etwas abhält, lassen Sie es los!

Elefant:
Der Elefant ist ein Familienführer. Elefanten sind selbstlos und stark, und sie halten Dinge sehr gut zusammen. Wenn ein Elefant zu Ihnen kommt, werden Sie ermutigt, sich mit Ihrer Familie zu verbinden – sie ist Ihre Unterstützung.

Fuchs:
Als Meister des Plans und der Verstellung kann ein Fuchs schnell umdenken und sofort mit neuen Situationen sicher umgehen. Wenn Ihnen ein Fuchs begegnet, zeigt er Ihnen, wie man Hindernisse beseitigt.

Verzeichnis der Engel

Hase:
Der Hase steht für einen Träumergeist. Ihre Träume, ob am Tag oder in der Nacht, sind kraftvolle Verbindungen zu Ihrem Höheren Selbst und Ihrer Zukunft.

Löwe:
Wenn Ihnen ein Löwe erscheint, werden Sie ermutigt, standhaft zu sein. Erlauben Sie sich, stark wie ein Löwe zu sein, aber denken Sie daran, cool zu bleiben.

Eule:
Wenn Sie eine Eule sehen, müssen Sie sich mit Ihrer inneren Weisheit verbinden und dem lauschen, was Sie schon immer wussten. Wenn Sie die Wahrheit verleugnen, übernimmt Ihr Ego die Kontrolle. Verbinden Sie sich mit Ihrer Wahrheit und erlauben Sie dem Göttlichen, Sie zu führen.

Schlange:
Zeit für Veränderung! Schlangen häuten sich jedes Jahr, um einen wunderschönen neuen, seidenen Körper zu enthüllen!

Tiger:
Sie können sich einmischen, es ist Zeit, Sie selbst zu sein! Der Tiger bringt Ihnen die Medizin, sich zu lieben und zu akzeptieren. Beginnen Sie, Schwachstellen als Charaktereigenschaften zu sehen, die Sie einzigartig machen. Sie werden im Himmel sehr geliebt!

Schildkröte:
Die Schildkröte ist der Führer, der Ihnen rät, langsam zu machen, sich Zeit zu nehmen und die Reise zu genießen. Sie

Die Erzengel

mögen ungeduldig sein, aber es ist wichtig für Sie, zu entspannen. Atmen Sie durch!

Wal:
Die Wal- und Schwertwalenergie ist stark, überwältigend und mächtig. Ihnen wird eine Extraportion Unterstützung gewährt, um jetzt zu strahlen. Sie haben so viel, was Sie teilen können, aber Sie müssen an sich selbst glauben.

Wolf:
Der Wolf ist ein instinktives Tier, das gut im Rudel arbeitet. Sie haben diesen Führer angezogen, weil Sie ermutigt werden, Ihrer Auffassung und Ihrem Instinkt zu vertrauen. Sie wissen schon, was Sie tun müssen.

Sich mit Ariel verbinden

Ariel kann uns in allen Belangen, die Tiere und Tierfürsorge betreffen, helfen. Sie unterstützt Sie dabei, Tiere zu heilen, sie wiederzufinden, sie zu adoptieren oder Ihnen dabei zu helfen, sich an ihre neue Umgebung zu gewöhnen.

Ein Gebet an Ariel

Heißen Sie Ariels Energie in Ihrem Leben willkommen:

*»Ariel, Löwin Gottes, ich danke dir,
dass du mich mit deinem goldenen Licht umgibst.*

Ich heiße deine Stärke und Durchsetzungskraft willkommen.
Ich fühle mich warm und sicher im Wissen, dass du jetzt
bei mir bist. Ich danke dir, dass du meinen Mut entfesselt hast
und mir hilfst, klar zu sehen. Umgib mich mit deinen Tierführern.
Heute steige ich hoch – befreit, voller Durchsetzungskraft und
Frieden. Ich danke dir, Ariel. Ich bin das Licht genau wie du.
Ich bin bereit zu strahlen!«

Ariel und andere Erzengel

● Ariel und Azrael unterstützen Tiere, wenn sie bereit sind, ins Jenseits überzutreten.

● Ariel, Gabriel und Haniel sind, was ich Seelenschwestern nennen würde – drei kraftvolle weibliche Erzengel, die Frauengruppen helfen, klarzukommen und zusammenzuwachsen.

● Ariel und Michael versorgen uns mit Stärke, um durchsetzungsfähig zu sein und uns sicher zu fühlen.

● Ariel arbeitet mit Raphael zusammen, um dem Tierreich Heilung zu bringen.

Azrael

Auf Hebräisch bedeutet Azrael *Gott ist meine Hilfe* – und auf Arabisch *Er, der Gott hilft*. Azrael ist der Erzengel des Übergangs. Er unterstützt Seelen, die auf dem Weg zur anderen Seite sind. Ob menschlich oder tierisch, Azrael ist das Licht, das sie im Tunnel zu Gott leitet.

Wenn Sie *Azrael* googeln, finden Sie höchstwahrscheinlich so etwas wie *Todesengel* und Bilder einer düsteren, furchteinflößenden und vermummten Gestalt. Doch ich sage, Azrael ist nichts von alledem!

Er ist ein großer, gut aussehender Engel, und seine Energie ist eine der herzerwärmendsten, wunderschönsten, denen Sie je begegnen werden. Ich sehe ihn immer mit schwarzer Haut, kantigem Kinn und violetter, goldener und roter Aura. Ich habe ihn einen Kapuzenumhang tragen sehen, aber normalerweise zieht er die Kapuze runter, wenn Sie ihn bitten. Er trägt einen Umhang, um sich zu schützen, besonders vor dem bloßen Auge. Ich habe ihn immer als Engel gesehen, der im Hintergrund steht, wenn wir ihn nicht bewusst auffordern.

Zu den wichtigsten Energien, die von Azrael kommen, zählen Frieden und Trost. Er mag als *Todesengel* bekannt sein, aber er bringt nicht den Tod, sondern unterstützt uns, während wir heimgehen.

Wenn seine Energie zu uns kommt, bedeutet das nicht immer das körperliche Ende, sondern es kann ebenso bedeuten, von einem alten Leben in ein neues zu wechseln. Azrael bringt die Energie des Übertretens, während der wir all das, was wir nicht mehr benötigen, hinter uns lassen – besonders Leid und Schmerz. Er wird uns freundlich und sicher durch eine dramatische Veränderung in unserem Leben führen.

Verzeichnis der Engel

Azrael ist unaufdringlich. Seine Energie ist nicht erdrückend und schwer, sondern so freundlich und hell, dass wir gelassen jedem Übergang entgegensehen können.

Er hilft uns außerdem zu heilen, wenn wir wegen eines Angehörigen oder eines Haustieres großen Schmerz erleiden. Zu diesen Zeiten ist Azrael immer bei uns, um uns zu unterstützen. Seine Energie wird uns umgeben, sodass wir uns den Angehörigen näher fühlen als je zuvor. Er kommt mit dem Licht der Gnade. Er ermutigt uns, Hoffnung und Kraft zu finden. Wann immer Azrael am Anfang eines Readings erscheint, weiß ich, dass ich es mit Trauer zu tun haben werde.

Azrael ist auch der Engel, der Berater und andere unterstützt, die sich um Menschen mit emotionalen Sorgen kümmern. Er wird uns helfen, die richtigen Worte zu finden, ohne dabei einmischend und aufdringlich zu erscheinen.

Ob Sie ein Berater, ein Medium oder jemand, der mit Trauer zu tun hat, sind, hier ist eine Botschaft an Sie von Azrael:

»Ich baue eine Brücke zwischen Himmel und Erde. Es ist meine Aufgabe, diejenigen auf der Erde daran zu erinnern, dass es keine Trennung zwischen Himmel und Erde gibt. Es ist mein Ziel, dass dir die Angst genommen wird vor dem, was du *Tod* nennst, da dies nichts weiter als ein Übergang der Seele ist. Wir Engel massieren die Herzen derjenigen, die sich zurückgelassen fühlen, weil wir sie daran erinnern wollen, dass sie göttlichen Ursprungs sind. Eines Tages werden auch sie heimgehen dürfen, aber es ist wichtig, *das Beste aus dem Erdenleben zu machen*.«

Eine weitere Botschaft, die durch Azrael kam, war diese:

Die Erzengel

»Es ist immer gut! Du magst dich mit Veränderungen oder Trauer herumplagen und plötzlich wieder in den Schmerz zurückgezogen werden. Erlaube dir zu atmen, erlaube dir, dich zu erinnern – dich an die Liebe zu erinnern. Deine Angehörigen sind jetzt bei dir – vertraue darauf. Es braucht keine Eile, um den Verlust zu verarbeiten. Nimm dir die Zeit, die du brauchst. Sei dir gewiss, du bist nicht allein.«

Bauen Sie sich einen spirituellen Altar

Ein spiritueller Altar ist ein heiliger Platz, der all Ihren Angehörigen gewidmet ist, die von Ihnen gegangen sind. Man kann ihn benutzen, um sie zu ehren und einen physischen Ort zu schaffen, um sich mit ihnen zu verbinden.

- Alles, was Sie tun müssen, ist, irgendwo in Ihrem Zuhause einen extra Platz zu finden (Richtung Osten ist wahrscheinlich am besten, denn der bezieht sich auf das Element Luft, also Geist/Spirit) und dort Erinnerungsstücke Ihrer Angehörigen aufzustellen zusammen mit Blumen, Kristallen und Kerzen – was immer Sie möchten, um diesen Platz besonders zu machen. Viele Menschen schreiben Notizen, Gebete oder Briefe an ihre Angehörigen im Himmel. Erlauben Sie diesem Ort, Ihr *Spiritueller Briefkasten* zu sein.

- Vielleicht möchten Sie auch dieses Gebet sprechen:

«Während ich mich mit diesem Ort verbinde,
baue ich eine Brücke zwischen Himmel und Erde.
Ich danke dir, Erzengel Azrael, dass du mich daran erinnerst,
dass es keine Trennung gibt und dass du mir die liebe/den lieben
[Name der/des Angehörigen] hier zu mir bringst. Und so ist es!«

Erinnerungen vom Himmel

Wenn Ihre Angehörigen nah sind, werden Sie Zeichen oder Erinnerungen von ihnen erhalten. Wenn wir ein tröstliches Zeichen empfangen wollen, sollten wir ein Gebet sprechen und darauf warten, dass eins erscheint.

Hier sind einige solcher Zeichen, die als Botschaft erscheinen können:

Schmetterling:
Ein großartiges Symbol der Transformation. Wenn Ihnen ein Angehöriger einen Schmetterling sendet, will er Ihnen mitteilen, dass er frei von Schmerz, Leid und Sorgen ist. Er ist im Himmel angekommen und hat Frieden gefunden.

Libelle:
Eine Libelle an einem unüblichen Ort zu sehen ist ein Zeichen, dass ein verstorbener Angehöriger Sie mit auf eine Reise nehmen möchte. Auf dem Weg werden Sie so viel über sich erfahren, dass Ihr Herz wieder heil werden wird.

Die Erzengel

Musik:
In Ihren Träumen Musik zu hören, zu unüblichen Zeiten oder wenn Sie sich gerade mies fühlen, ist ein Symbol für Feste und Feierlichkeiten. Ihre Angehörigen und die Engel möchten Sie an die Segnungen Ihres Lebens erinnern. Wenn Sie sich auf freudige Ereignisse konzentrieren, werden die Engel Sie wieder zum Glück führen.

Orbs und Erscheinungen:
Sehen Sie einen Orb oder eine Erscheinung auf einem Foto, erinnern Sie die Engel und die geistige Welt an ihre Gegenwart.

Regenbogen:
Wenn Sie sich mit Azrael verbinden, mögen Sie das Zeichen eines Regenbogens sehen. Dieser kann in verschiedenen Formen gesandt werden – am Himmel, auf dem Briefpapier oder sogar in einem Lied. Er repräsentiert das Versprechen, dass Ihre Angehörigen niemals von Ihrer Seite weichen werden.

Rotkehlchen:
Das Rotkehlchen bringt Ihnen die Botschaft der Hoffnung. Es ist ein ermutigendes Zeichen, um Ihnen zu sagen, dass Ihre Angehörigen Ihnen dabei helfen, damit klarzukommen, was passiert. Es sagt, dass Sie stärker sind, als Sie glauben, und es in Ordnung ist, mit Ihren Lieben zu reden – sie hören Sie.

Sich mit Azrael verbinden

Azrael kann uns beim Übertritt, bei Verlust und Trauer helfen. Er unterstützt uns dabei, ein altes Leben zurückzulassen und in ein neues zu treten. Außerdem lässt er uns die Angst vor dem Tod verlieren, die richtigen Worte für emotionale Unterstützung finden und verbindet uns liebevoll mit der anderen Seite.

Gebete an Azrael

Hier ein Gebet, um Azraels Energie in Ihr Leben einzuladen:

»Azrael, himmlischer Arbeiter Gottes, ich danke dir,
dass du mich in dieser Zeit unterstützt. Mit deiner Energie
baue ich eine Regenbogenbrücke zwischen Himmel und Erde.
Ich denke daran, dass es keine Trennung gibt. Gott ist hier,
ist jetzt gegenwärtig bei mir. Meine Angehörigen sind hier,
sind jetzt gegenwärtig bei mir. Ich bin nie allein, ich bin immer
sicher. Ich erlaube dem Licht des Himmels, mich aus der Angst
zur Liebe zu geleiten. Ich unternehme behutsam Übergänge
und Wechsel auf meiner Reise und danke dir, dass du mich
dabei unterstützt! Und so ist es!«

Benutzen Sie das nun folgende Gebet, um einen Angehörigen, der bereit ist, überzutreten, oder das gerade getan hat, zu unterstützen. Es ist wirklich tröstend, jemandem dabei zu helfen, in den Himmel zu gehen. Schicken Sie ihm Engel, Unterstützung und Liebe.

Die Erzengel

»*Erzengel Azrael, ich danke dir für die liebevolle Begleitung, mit der du [Name] behutsam in den Himmel führst. Ich übergebe ihn/sie dir und Gott im Wissen, dass ihr das Beste für ihn/sie und seine/ihre Situation tun werdet. Ich danke dir dafür, diese Person beim sicheren, freundlichen und natürlichen Übergang zu ihrem wirklichen Zuhause beizustehen! Und so ist es!«*

Azrael und andere Erzengel

- Azrael und Ariel unterstützen Tiere, wenn sie bereit sind, ins Jenseits überzutreten.

- Azrael, Michael und Zadkiel sind eine kraftvolle Erzengel-Kombination, um Gefühle von Angst von einem Ort oder dem Zuhause zu beseitigen oder umzuwandeln.

Chamuel

Chamuel ist der Erzengel der Liebe und der Bestimmung. Sein Name bedeutet *Er, der Gott sieht*. Er ist einer der sieben großen Erzengel. Er ist ein großer, hübscher Engel mit blondem Haar, rubinroter Aura und stechend blauen Augen. Als ich begann, mit Chamuel zu arbeiten, war mir bewusst, dass er direkt in mein Herz kam. Wenn wir seine Energie willkommen heißen, hilft er uns, unser Herz zu öffnen, sodass wir die Liebe und Unterstützung empfangen können, die wir verdient haben. Er weiß, dass wir alle nur glücklich sein wollen.

Eine seiner wichtigsten Aufgaben ist es, uns dabei zu helfen, vom Ego in unser Herz zu gelangen. Wir verbringen sehr viel Zeit damit, außerhalb von uns nach Glück zu suchen – in unserer Karriere, in unserer Beziehung, in materiellem Besitz und so weiter. Chamuel ist hier, um uns dabei zu helfen, zu entdecken, dass das Glück, das wir suchen, in uns selbst liegt.

Er, der Gott sieht hilft uns auch dabei, das Göttliche in uns selbst zu sehen. Wenn wir das akzeptieren und uns ständig daran erinnern, wird sich das alles auch in der äußeren Welt widerspiegeln.

Chamuels Botschaft:

»Dein Leben ist eine Reflexion darauf, wie du die Welt siehst. Alles außerhalb von dir ist tatsächlich mit dir verbunden. Wie auch immer, wenn du das Glück außerhalb von dir suchst, wirst du dein Gefühl für Rhythmus und das für deine Bestimmung verlieren. Ich bin hier, um dich bei deiner Reise zur Liebe zu unterstützen. Das mag sich nicht wie eine leichte Reise anfühlen, aber es ist das, was du gewählt hast. Arbeite mit mir und denke daran, wer du wirk-

Die Erzengel

lich bist. Liebe zirkuliert in deinem ganzen Körper und kommt direkt von deinem wahren Herzen: deiner Seele!«

Die Bestimmung finden

Chamuel hilft uns, unser Empfinden für unseren Lebenszweck wiederherzustellen. Viele von uns wollen wissen, was unsere Aufgabe ist – was wir tun sollen, wer wir sein sollen. Unser Ego wird uns sagen, dass wir dieses und jenes sein sollen. Es wird uns auch sagen, dass wir eine gewisse Summe Geld machen und uns abhetzen müssen und dass uns die Zeit wegrennt. Was können wir also tun?

Vertrauen Sie auf das göttliche Timing, fokussieren Sie sich im Innern und, noch wichtiger, denken Sie daran zu atmen. Es gibt keinen Druck, Ihre Bestimmung zu finden. Sie sind ein Wesen von göttlichem Ursprung und wenn Sie sich beständig darauf konzentrieren und alles andere dem Himmel überlassen, wird Gott Sie führen.

Statt zu fragen: »Was ist mein Ziel?«, fragen Sie lieber: »Wie kann ich heute dienen?« Indem Sie dienen und andere unterstützen, erinnern Sie sich an Ihren göttlichen Ursprung. Fokussieren Sie sich auf die Liebe und erlauben Sie Gott, Sie zu leiten, dann leben Sie bereits Ihre Bestimmung!

Seelengefährten und Zwillingsflammen

Ein anderer wichtiger Teil des Lebens ist es, jemand zu finden, mit dem man es teilen kann. Viele Menschen mit spirituellen Denkweisen sind in diesem Bereich ihres Lebens nicht erfüllt und fragen sich, warum. Es geht alles zurück auf die bereits erwähnte Botschaft von Chamuel:»Das Leben ist eine Reflexion darauf, wie du die Welt siehst.« Ich finde immer, es ist die liebevolle Wertschätzung von uns selbst, die uns ein seelenverwandtes Gegenüber beschert. Indem wir uns an die Liebe in uns erinnern und uns darauf konzentrieren, gestehen wir auch anderen zu, dies in uns zu sehen.

Als ich darüber sinnierte, fragte ich mich, was der Unterschied zwischen einem Seelengefährten und einer Zwillingsflamme ist, also bat ich die Engel um eine Antwort. Hier ist sie:

»Du kannst mehr als einen Seelengefährten in deinem Leben haben, aber eine Zwillingsflamme verbringt viele Leben mit dir. Das sind Seelen, die dir helfen, dich vollkommen, verbunden und stark zu fühlen. Eine Zwillingsflamme ist eine Seele, die 100-prozentig die Liebe reflektieren wird, die du für sie hast und natürlich auch für dich selbst. Es ist wichtig zu sagen, dass eine Zwillingsflamme nicht immer ein Geliebter sein muss. Es kann auch ein Kind sein, das dich daran erinnert, was Liebe ist, oder es kann ein Elternteil sein, der dich schlichtweg unterstützt.«

Seelengefährten im Himmel

Wenn Sie fühlen, dass Sie eine perfekte Beziehung hatten, aber Ihr Partner bereits in den Himmel gegangen ist, dann machen Sie sich keine Sorgen – denn er ist noch immer bei Ihnen. Wenn Ihr Seelengefährte in den Himmel geht, ist es seine Aufgabe, Sie zu unterstützen und bedingungslos zu lieben. Verstorbene Seelengefährten werden so immer für uns da sein, und in

Die Erzengel

vielen Fällen werden sie uns sogar andere Partner schicken, die uns großes Glück bescheren – oftmals jemanden, der ihnen sehr ähnelt.

Engel wollen, dass Sie wissen, dass Sie keine Schuldgefühle zu hegen brauchen, wenn Sie Ihren Ehepartner verloren und nun einen neuen Partner gefunden haben. Wahrscheinlich war es von göttlicher Hand geführt. Ihr Partner im Himmel befürwortet das. Unsere verstorbenen Partner lieben und unterstützen uns. Bitte wissen Sie, dass sie uns glücklich sehen wollen.

Feng Shui für die Liebe

- Im Feng Shui, der asiatischen Kunst der Einrichtung, ist die am weitesten links liegende Ecke Ihres Heims, gleich wenn Sie zur Tür hereinkommen, mit Ihrem Liebesleben und Ihren Beziehungen verknüpft.

- Wenn ich ein Zuhause segnen sollte, wo jemand nicht erfüllt ist mit Liebe, habe ich oft Staub und Schmutz in diesem Bereich des Hauses gefunden. Wenn Sie also Ihr Liebesleben verbessern wollen, legen Sie mehr Wert auf diesen Platz. Gibt es da überhaupt etwas, das Liebe repräsentiert? Reinigen Sie ihn, entstauben Sie ihn, versichern Sie sich, dass er sauber ist, und stellen Sie etwas hin, was für Sie Liebe repräsentiert – vielleicht ein Foto der Hochzeit Ihrer Eltern, einen Rosenquarz, ein romantisches Bild wie *Der Kuss* von Gustav Klimt oder rote Rosen.

Sehen Sie nur Liebe

Chamuel ermutigt Sie, nur Liebe in Ihrem Leben zu sehen. So viele von uns sehen oft nur die negativen Seiten von Situationen, ich selbst auch. Aber wenn wir beginnen, mit Chamuel zu arbeiten, wird er uns helfen, in jeder Situation die Liebe zu erblicken.

Wenn jemand uns gegenüber verrückt spielt, ist es unsere Aufgabe, ihm widerzuspiegeln, wie wir von ihm behandelt werden wollen. Die meisten von uns sind dann allerdings ziemlich sauer, lassen die Situation immer und immer wieder im Kopf ablaufen und knirschen vielleicht sogar mit den Zähnen!

Aber denken Sie an das Gesetz der Anziehung! Wir bringen alles, worüber wir nachdenken, in unser Leben. Wenn wir also anfangen wollen, eine Situation zu ändern, müssen wir loslassen. Segnen Sie sie mit Liebe und lassen Sie dann komplett los.

Liebe in eine Situation senden

Es ist wirklich einfach, in eine Situation Liebe zu senden – und es wirkt Wunder.

* Alles, was Sie tun müssen, ist, an die Situation zu denken und sich vorzustellen, wie sie mit einem Licht umgeben ist, das Sie an Liebe erinnert. (Ich stelle mir immer die ganze Situation mit allen Beteiligten vor, sogar dem Gebäude, das mit einem hellen rubinroten oder pink Licht umgeben ist.) Dann sagen Sie:

Die Erzengel

»Danke, Erzengel Chamuel und Engel, dass ihr diese Situation mit allen Beteiligten und mit mir selbst in einem Raum der Liebe haltet. Ich überlasse alles Weitere euch und Gott im Wissen, dass ihr es zum Besten für alle tun werdet! Und so ist es!«

Sie werden das möglicherweise mehr als einmal machen müssen, aber wenn Sie durchhalten, können Sie eine gefährliche Situation in eine liebevolle verwandeln.

Da Chamuel *Er, der Gott sieht* bedeutet und man *Gott* mit *Liebe* gleichsetzt, heißt das, dass Chamuel in jedem Liebe sieht. Er kann uns dabei helfen, dies auch zu tun, und uns vom Verurteilen und Kritisieren wegbringen. Wenn wir andere kritisieren, tun wir nichts anderes, als eine Welle von wertender Energie auszusenden. Und wenn Sie irgendetwas vom Meer verstehen, wissen Sie, dass Ebbe und Flut immer zurückkommen!

Im *Ein Kurs in Wundern* heißt es: »Nehmen Sie niemanden aus Ihrer Liebe raus oder Sie verstecken sich an einem dunklen Ort Ihres Geistes.« Und das ist wirklich wahr. Indem Sie jemandem Ihre Liebe vorenthalten, ihm nicht vergeben oder negative Gedanken über diese Person hegen oder sie nicht akzeptieren, erlauben Sie Ihrem Ego, das Zepter zu übernehmen. Und indem Sie sich an einem dunklen Ort Ihres Geistes verstecken, lassen Sie kein Licht herein und errichten eine Barrikade zwischen sich und Gott.

Im *Kurs* geht es wie folgt weiter: »Wenn Sie nicht totale Liebe geben, werden Sie nicht vollkommen geheilt werden.« Das bedeutet in diesem Zusammenhang, dass Sie dann niemand anders als sich selbst zurückstoßen. Schließen wir andere aus unserer Liebe und Akzeptanz aus, verbauen wir uns selbst den Weg zur Heilung. Geheilt werden heißt, keine Angst zu haben, kein Ego und ein Leben in Liebe zu leben, wo alles Fülle ist. Arbeiten Sie also mit Chamuel, um das Beste in anderen zu sehen – und zwar mit diesem Gebet:

»Ich danke dir, Chamuel, dass du mich ermutigst, das Göttliche in mir und anderen zu sehen. Indem ich das Göttliche in jedem erkenne, spült eine Welle der Liebe über mich, die Segen und Fülle bringt. Und so ist es!«

Sich mit Chamuel verbinden

Chamuel kann uns helfen, unsere Bestimmung und einen Seelengefährten zu finden, Liebe in Situationen zu schicken und in anderen Personen zu sehen.

Ein Gebet an Chamuel

Hier ein Gebet, das Chamuels Energie in Ihr Leben holt:

»Lieber Chamuel, ich danke dir dafür, dass du mein Leben mit deiner rubinroten Aura umgibst, sodass ich die wichtigste Lektion begreife: Nur Liebe ist wahrhaftig.

Die Erzengel

*Es fühlt sich so gut an zu wissen, dass ich mein Herz öffne,
um Liebe und Segen zu empfangen, und dass ich das
verdient habe. Indem ich mich mit deiner Essenz verbinde,
beginne ich, das Göttliche in mir zu sehen und in jedem um
mich rum. Ich schaffe nun eine Welle der Liebe und guter Absichten,
die ich unter dem Gesetz der Gnade in die Welt schicke.
Ich weiß, dass diese Welle zehnfach zum Absender zurückkommt,
also fahre ich fort, andere und mich zu segnen. Ich danke dir,
Chamuel, dass du die Liebe in mir erkannt hast. Ab jetzt werde
ich meine Augen öffnen und selbst klar sehen! Und so ist es!«*

Chamuel und andere Erzengel

- Chamuel arbeitet mit Michael, um zu prüfen, ob unser Partner vertrauenswürdig ist.

- Chamuel und Raguel bringen Harmonie und Frieden in einen Konflikt.

- Chamuel arbeitet mit Raphael, um uns dabei zu helfen, Liebe in Situationen zu sehen.

- Chamuel und Sandalphon können uns helfen, intuitiv unseren Seelengefährten auf Erden zu finden.

- Chamuel und Uriel helfen uns bei Karriere und Business.

Gabriel

Gabriel ist der ultimativ nährende Engel. Sie ist ein wunderschöner, kurvenreicher Engel, der eine wahrhaft sorgende Natur hat. Sie wird in der Bibel und im Koran als männlich beschrieben, aber ich sehe sie immer weiblich. In der Tat, als Engel der Mütter wäre es nur logisch, wenn sie weiblich erscheint. Wenn Sie Kunstwerke über Engel betrachten, besonders alte Arbeiten, sehen Sie, dass Gabriels Geschlecht immer schwer zu definieren ist.

Wenn ich sie sehe, sieht sie der berühmten Popsängerin Adele ähnlich. Sie hat wunderschöne blaue Augen, ein herzförmiges Gesicht und kastanienbraunes Haar, das sich um sie schmiegt. Ihre Flügel sind perlweiß. Obwohl man sagt, dass sie die Hüterin des weißen Strahls ist, sehe ich immer pink und gelbe Funken um sie herum. Der weiße Strahl ist ein spirituelles Symbol für Reinigung und Gnade. Er ist etwas, das wir bewusst zur Reinigung und Balance in unsere Energie bringen können. Sie mögen sich mit diesem Strahl verbunden haben, falls Sie sich vorgestellt haben, mit purem weißem Licht bedeckt zu sein.

In meinen Augen unterstützt uns der weiße Strahl dabei, uns mit dem höchsten göttlichen Teil unseres Selbst zu verbinden: unseren Seelen. Er hilft uns dabei, mit Integrität und vom Herzen aus zu agieren.

Gabriels Name bedeutet *Gottes Stärke*, und man sagt von ihr, dass sie der Erzengel ist, der die Göttliche Mutter Maria besucht hat, um ihr zu sagen, dass Jesus unterwegs ist. Sie ist die Überbringerin guter Nachrichten. Wann immer sie also bei einem Reading erscheint, weiß ich, dass gute Sachen passieren werden.

Die Erzengel

Man sagt, dass sie Trompete spielt, und wenn sie bläst, öffnen sich die Tore zum Himmel. Ich sehe das immer als Metapher dafür, den Himmel auf Erden zu schaffen. Wenn man mit Engeln arbeitet, ist dabei eine der wunderbarsten Sachen, dass sie uns helfen, ein göttliches Leben voller Segnungen zu schaffen. Wenn wir Gabriel willkommen heißen, bringt sie uns einen Haufen guter Energie und Feierlichkeiten ins Leben.

Als Überbringerin guter Nachrichten ist sie auch eng mit Kommunikation verbunden. Wenn wir an sie appellieren, wird sich ihre Energie um uns wickeln und uns erlauben, uns sicher zu fühlen, sodass wir unsere Wahrheit vermitteln können.

Neulich wurde ich live im Fernsehen interviewt vor über eine Million Zuschauer, und obwohl ich wirklich enthusiastisch war, wusste ich, dass ich Gabriels Hilfe benötigen würde, um sicherzustellen, dass meine Botschaft richtig rüberkommt. Ich lud sie über ein Gebet und eine Affirmation ein, und das Interview hätte nicht besser klappen können.

Später am Tag, während ich ein kühles Mineralwasser genoss, sah ich mir das Gebäude an, vor dem ich saß, und da stand *Gabriels Werft* drangeschrieben. Gabriel hatte mir ein Zeichen geschickt, um mir zu sagen, dass sie anwesend war! Nach dem Interview schoss mein Buch auf Platz drei der Amazon-Bestsellerliste, das Telefon klingelte heiß, und meine E-Mails explodierten vor Anfragen. Mit Gabriels Hilfe erstrahlte mein Licht!

Hier eine Botschaft von Gabriel:

»**Indem du die Wahrheit sprichst, teilst du dein Licht und verbündest dich mit der Gegenwart Gottes. Wenn du dich aber in deinen Sorgen, Ängsten und Niederlagen verschanzt, hemmst du die spirituellen Zentren, die erlauben, dass Licht** durch dich fließt. Heiße mich und die Engel, mit denen ich arbeite, willkommen, um deine Stärken zu verbessern und deine Fähigkeit, ohne Angst laut zu reden!«

Das innere Kind

Als Engel der Mütter betreut Gabriel auch unser inneres Kind. Das innere Kind ist das große Kind in uns allen. Obwohl so viele dieses Kind oft vergessen oder aber fühlen, dass es immer zu kurz gekommen ist. Wenn es da Sachen aus Ihrer Kindheit gibt, von denen Sie das Gefühl haben, dass diese Sie hemmen, kann Gabriel Ihnen helfen, sie zu heilen und weiter voranzukommen.

Wenn ich mit Klienten oder bei mir selbst am inneren Kind gearbeitet habe, fand ich es immer hilfreich, mich mit dem Kind per Visualisierung zu verbinden. Einige meiner Favoriten sind folgende:

- Stellen Sie sich vor, wie Sie als Kind durch ein Feld voll von Gänseblümchen oder anderen Blumen, die Sie an Ihre Kindheit erinnern, rennen.

- Während Sie laufen, stellen Sie sich vor, wie Sie eine tolle Zeit haben – kichernd, lachend und die Freiheit genießend.

- In einiger Entfernung wartet ein großer weiblicher Engel mit kastanienbraunem Haar, das im Wind spielt. Sie können den ganzen Körper sehen und riechen einen süßen Duft.

Die Erzengel

- Wenn Sie den Engel erreichen, fühlen Sie seine Umarmung. Er legt nicht nur seine Arme um Sie, sondern auch seine ganze Energie. Sie fühlen sich wohlbehütet in dieser Lichtblase.

- Genießen Sie dieses nährende Licht, bevor Sie es ihm erlauben, sich auf Menschen aus Ihrer Kindheit, die Sie geärgert haben, auszuweiten, auf Ereignisse, die Ihnen immer noch hinterhergeistern, und auf alles andere, von dem Sie das Gefühl haben, dass es Sie beeinträchtigt hat. Seien Sie nicht überrascht, wenn zufällige Ereignisse hochkommen, von denen Sie dachten, dass Sie sie längst vergessen hätten – die Engel werden Ihnen zeigen, was Sie sehen müssen.

- Gelangen Sie dann an den Punkt, wo Sie fühlen, dass Sie alles getan haben, danken Sie Gabriel, gehen Sie zurück auf das Feld und öffnen Sie Ihre Augen.

Hier ein Gebet zur Heilung des inneren Kindes:

»Lieber Erzengel Gabriel, ich danke dir, dass du mein inneres Kind mit deinem nährenden Licht umhüllst und ihm dabei hilfst, Frieden zu finden. Ich nehme dies als Gelegenheit, meinem inneren Kind zu sagen, dass es sicher ist und geliebt wird. Es verdient diese Liebe, und nichts kann verhindern, dass es sie bekommt. Während ich diesen göttlichen und unschuldigen Teil meiner selbst nähre, heile ich mein Herz, heile ich meine Seele, öffne ich meinen Geist und bin fähig, alles mit neuen Augen zu betrachten. Ich greife nun nach den Wundern des Lebens, wissend, dass mich Gabriels Licht führt. Und so ist es!«

Empfängnis

Gabriel kann uns auch bei der Empfängnis unterstützen. Sie kann dabei helfen, dass Ihr Körper gesund genug ist, um ein Kind zu bekommen. Sie beschützt Mütter, wenn sie schwanger sind, und hilft ihnen dabei, stark zu sein, wenn es irgendwelche Rückschläge gibt. Hier ist ein Gebet, das beim Manifestieren eines Babys Hilfestellung gibt. Denken Sie daran, dass, wenn Sie sich darauf fokussieren, etwas zu kreieren, Sie so reden sollten, als wäre es bereits passiert. Das erlaubt Ihrem Körper, sich mit den Gebeten zu verbinden.

»Göttliche Engel und Erzengel Gabriel, ich danke euch dafür, dass ihr mich mit eurem Licht umhüllt und mich zu dieser Zeit unterstützt. Es ist eine Freude, eine Frau zu sein und Lebenskraft auf diesen Planeten zu bringen. Ich fühle mich so gesegnet, dieses Bündel Leben in meinen Armen zu halten. Und so ist es!«

Sich mit Gabriel verbinden

Gabriel kann uns helfen, gute Neuigkeiten zu erschaffen, uns zu öffnen und die Wahrheit auszusprechen. Außerdem unterstützt er uns dabei, Kindheitsbelange zu heilen, ein Kind zu empfangen und ungeborene Kinderzu beschützen.

Die Erzengel

Ein Gebet an Gabriel

Hier ein Gebet, das Gabriels Energie in unser Leben einlädt:

»Erzengel Gabriel, Stärke Gottes, Überbringer guter Neuigkeiten, ich danke dir dafür, dass du mich dabei unterstützt, mich zu öffnen und die Wahrheit auszusprechen. Ich fühle mich stark und gekräftigt im Wissen, dass du bei mir bist, während ich voll Integrität rede. Während du mit mir verbunden bist, beginne ich, durch die Augen meines inneren Kindes zu sehen. Ich beginne, meiner Freude zu folgen und glücklich zu leben. Ich fühle mich genährt und weiß, dass ich geliebt werde! Und so ist es!«

Gabriel und andere Erzengel

- Gabriel, Ariel und Haniel helfen Frauengruppen, klarzukommen und zusammenzuwachsen.

- Gabriel arbeitet bei allen Fragen rund um Kinder, inneres Kind und Empfängnisprobleme zusammen mit der Heiligen Mutter Maria.

- Gabriel kann auch direkt mit Michael zusammenarbeiten, sodass wir uns beschützt fühlen und die Wahrheit aussprechen können.

Haniel

Erzengel Haniel regiert den Mond und dessen spirituelle Verbindungen. Ihr Name bedeutet entweder *Gnade Gottes* oder *Herrlichkeit Gottes*, und sie hat eine erstaunlich perlweiße und hellblaue Aura. Haniel erinnert mich an die Popsängerin Shakira. Sie hat ein schamanisches Priesterinnen-Flair mit langen goldenen Locken, die sich im Wind zu bewegen scheinen. Ihre Haut ist perlweiß, und ihre Augen sind tiefbraun. Haniels Energie hilft uns, unsere natürlichen Gaben und Talente zu erwecken. Sie erlaubt es uns, uns mit dem wahren Geist der Gnade zu verbinden und klar zu sehen, wohin unser Leben uns führt. Sie hat eine besondere Verbindung zu Frauen und sensiblen Leuten, die hellsichtig geboren wurden. Menschen erleben Hellsichtigkeit auf verschiedene Weisen – sie sehen Visionen, Auren oder Träume, sich wiederholende Zahlen, Federn oder andere Symbole wie Hufeisen, Elstern oder Ähnliches. Wie auch immer unsere Hellsichtigkeit funktioniert, Haniel kann uns helfen, diese Fähigkeit zu verstärken.

Wenn wir mit Haniel und ihrem göttlichen Licht arbeiten, öffnen wir auf natürliche Art unser drittes Auge. Das Chakra des dritten Auges liegt zwischen den Augenbrauen und regiert unsere Fähigkeit, bestimmte Dinge wahrzunehmen. Wenn wir mit unseren physischen Augen oder aber auch unserem übernatürlichen Sehen Probleme haben, könnte das heißen, dass dieses Chakra blockiert ist oder nicht genügend Energie hat. Haniel kann helfen, dies auszugleichen. Haniels Energie hat eine ähnliche Wirkung wie der Mond – wenn sie mit uns arbeitet, kann sie eine Welle der Veränderung bringen, die Einfluss auf unser ganzes Leben hat. Als die Herrlichkeit Gottes befähigt sie uns, unsere göttlichen Gaben und Qualitäten zu

Die Erzengel

sehen. Sie erinnert uns daran, dass diese nicht immer stark ausgeprägt sind. Sie können sogar so subtil sein, dass wir sie verpassen. Aber wenn wir diesen Engel anrufen, wird sie diese Fähigkeiten anleuchten, sodass wir als prächtiges Kind Gottes erstrahlen können.

Hier ist eine Botschaft von Haniel:

»Es ist dein spirituelles Recht, stark und anmutig zu sein. Es ist dein spirituelles Recht, mit großer Klarheit zu sehen. In jeder Seele, die über diese Erde wandert, liegt die Fähigkeit, sich mit den großen Engelsqualitäten zu verbinden und diese auszuüben. Wenn du mit mir und meinem glänzenden Licht arbeitest, werde ich dich freisetzen und das Göttliche in dir nach außen kehren. Lade mich ein – ich bin hier, um dir zu dienen!«

Verbindungen zur Göttin

Wegen der starken Göttinverbindungen mit dem Mond und der Verbindungen des Mondes mit dem Menstruationszyklus kann Haniel allen Frauen bei jeglichen menstrualen Problemen oder sogar den Wechseljahren beistehen. Wenn Sie irgendwelche Anliegen in diesem Bereich haben, bitten Sie Haniel um Unterstützung. Wir alle – auch Männer – haben eine innere Göttin. Das ist ein Teil von uns, der stark und fokussiert ist. Es ist der Teil, den Haniel befehligen kann. Sie steht uns bei wie eine Schwester, Freundin und Führerin. Sie ermutigt uns, unsere Qualitäten als Seele zu sehen. Wenn wir uns mit unserer inneren Göttin verbinden, gleichen wir die empfänglichen, psychischen und femininen Seiten unseres Körpers und unserer Persönlichkeit aus. Haniel kann uns jetzt in diesen Bereichen helfen.

Die Magie des Vollmondes

Diejenigen von Ihnen, die sich von den erdbasierenden spirituellen Traditionen wie Wikka oder anderen Naturreligionen angezogen fühlen, werden Haniels Energie lieben. Sie ist eine Hohepriesterin, die Ihnen helfen kann, sich mit dem Mond und seiner Magie zu verbinden. Auf die meisten magischen Manifestationen und Rituale kann man sich zur Zeit des Vollmondes konzentrieren, da diese Phase den *Mutter-Aspekt* repräsentiert und in ihr der Einfluss des Mondes am stärksten ist.

Indem Sie bei Vollmond meditieren oder sich bildlich vorstellen, wie die Vollmondenergie Ihren ganzen Körper überströmt, können Sie Ihre Verbindung zu Haniel wirklich verstärken. Sehen Sie diese verschleiert weiß glänzende Energie, die um Sie herum strahlt. Wenn Sie das tun, verbinden Sie sich mit dem Göttlichen in Ihnen, mit den Wellen positiver Veränderung und mit der Energie der Gnade.

Der Halbedelstein Mondstein hat enge Verbindungen mit dem Mond und damit auch mit Haniels Energie. Wenn Sie ihn bei Vollmond aufs Fensterbrett legen, können Sie Haniel bitten, ihn zu segnen. Dann können Sie ihn bei sich tragen – im BH (wenn Sie weiblich sind) oder in der Socke (wenn Sie männlich sind) – und dadurch Haniels göttliche Qualitäten anziehen. Wenn Sie Ihre Kristalle, Engelskarten, Tarotkarten oder irgendwelche anderen Heilungswerkzeuge bei Vollmond aufs Fensterbrett legen, können Sie Haniel ebenfalls bitten, diese zu segnen,

Die Erzengel

und sie vom Mond aufladen lassen. Das wird wahrscheinlich auch Ihre medialen und intuitiven Fähigkeiten verbessern. Dieses Gebet können Sie sprechen, wenn Sie Ihre Werkzeuge aufladen lassen:

»Erzengel Haniel, danke für deinen göttlichen Segen für diese Werkzeuge. Ich lasse sie nun hier, um sie von deinem Licht und deiner Mondmagie aufladen zu lassen. Ich weiß, dass sie danach eine verstärkte Verbindung zum Himmel haben werden. Und so ist es!«

Sich mit Haniel verbinden

Haniel kann uns helfen, uns auf unsere Gaben und Talente zu konzentrieren, unsere Menstruationszyklen ins Gleichgewicht zu bringen, unser drittes Auge zu öffnen, uns mit dem Mond zu verbinden, unsere innere Göttin freizusetzen und göttliche Magie auszuüben.

Ein Gebet zu Haniel

Mit dem Gebet können Sie sich mit Haniels Energie verbinden:

»Haniel, Göttin des Mondes und Engel der Gnade, danke, dass du mit deinem strahlenden Licht mein Leben bescheinst.

Ich erlaube mir selbst, mich zu öffnen und mich mit deinem Geist und deiner Haltung zu verbinden. Ich verbinde mich mit meiner inneren Weisheit, meiner inneren Vision. Ich öffne meine Augen und sehe klar mit Liebe. Meine Gaben und Talente entwickeln sich natürlich in deinem Licht. Die natürlichen Gegensätze in mir sind ausgeglichen. Ich stehe mit Haltung und in Herrlichkeit. Ich erreiche jetzt das Leben, das ich verdiene, in deinem Licht und im Licht des Schöpfers. Und so ist es!«

Haniel und andere Erzengel

● Haniel, Ariel und Gabriel helfen Frauengruppen, miteinander klarzukommen und zusammenzuwachsen.

● Haniel kann mit Raphael und Raziel zusammenarbeiten, um uns zu helfen, unsere spirituellen Gaben und unsere Hellsichtigkeit stärker auszubilden.

● Da Haniel den Mond regiert und Uriel die Sonne, können sie zusammenarbeiten, um Gegensätze, aber auch Gleichgewicht zu erschaffen.
Ich würde mit den beiden bei Jetlags oder biochemischem Ungleichgewicht wie Winterdepressionen oder bipolaren Störungen arbeiten.

Jeremiel

Jeremiel ist ein Wunderwirker. Er ist ein brillanter Erzengel, der uns hilft, eine Inventur unseres Lebens aufzustellen, damit wir alles reparieren, wegschmeißen oder ändern können, was uns nicht förderlich ist.

Jeremiel hat einen zarten, großen Körper. Er ist ein freundlicher Engel, der eine Fackel hält, die Erleuchtung repräsentiert. Seine Aura ist hellorange und golden, die Farben der Leidenschaft und spirituellen Einsicht. Er hat schulterlanges goldenes Haar und goldene Haut. Seine Augen sind tiefblau wie der Nachthimmel.

Das Leben des Dienens und der Gnade leben

Man sagt, Jeremiel zeigt den Menschen, wie es im Himmel so aussieht. Ich fühle, dass seine Gegenwart uns den Himmel auf Erden beschert.

Sein Name bedeutet *Gottes Gnade*, und *Gnade* kann verschiedene Dinge bedeuten. Es kann Vergebung für jemanden sein oder Anteilnahme an einer Situation. Es kann aber auch bedeuten, ein Leben des Dienens zu führen und anderen gegenüber wohltätig zu sein. So viele von uns werden leicht zum *Was will ich?* und *Was brauche ich?* gezogen, wohingegen Jeremiels Energie uns hilft, Fragen zu stellen wie »Wie kann ich behilflich sein?«.

Wenn wir uns mit Jeremiel verbinden, wird er bei uns positive Veränderungen hervorrufen, die wir für ein erfülltes Leben brauchen. Ich fühle, dass Jeremiel immer mit einem wahren Sinn für Beruhigung kommt. Er hilft uns, inneren Frieden zu finden, besonders wenn wir durch eine Menge Turbulenzen gegangen sind.

Hier eine Botschaft, die ich von ihm empfing:

»**Du bist immer in Ordnung, weil Gott dich nie verlassen hat. Ich möchte dir Mut machen, sodass du deinen Pfad ändern kannst. Es ist wichtig, auf dein Leben zurückzuschauen, weil du dir dann erlauben kannst, ehrlich zu sein, und dich auf das Leben fokussieren kannst, das du wirklich leben möchtest. Wenn du bereit bist, anderen zu vergeben und letztlich dir selbst, und alle schmerzvollen Situationen als Illusionen erkennst, dann bist du frei.**«

Was Jeremiel hier sagt, ist wichtig: Er lädt uns ein, unsere Reue und unseren Kummer in Illusionen zu verwandeln. So lösen sie sich vom Status der Angst, denn nur die Liebe ist wahrhaftig. Wenn wir das anerkennen und vergeben, befreien wir uns selbst und öffnen unser Herz für die Wunder des Himmels.

- Nehmen Sie sich etwas Zeit, über Ihr Leben nachzudenken, und sprechen Sie dann folgendes Gebet:

  »*Ich danke dir, Erzengel Jeremiel, dass du mir hilfst, die Illusionen in meinem Leben zu erkennen, sodass ich mich darauf vorbereiten kann, mich zu befreien.*«

- Dann erlauben Sie sich, ein paar Dinge in Ihrem Leben zu rekapitulieren, von denen Sie glauben, dass diese Sie hemmen. Hegen Sie noch Groll und halten Sie sich noch an Kümmernissen fest? Gehen Sie direkt in die betreffende Situation und sagen Sie:

Die Erzengel

»Du bist nicht wirklich. Du bist eine Illusion. Nur Liebe ist wahrhaftig.«

- Machen Sie das so lange, bis Sie fühlen, dass Sie alles losgelassen haben, was Sie nicht mehr brauchen, und Platz gemacht haben für Wunder und das, was ich gerne als *gutes Zeugs* bezeichne.

Die Wunder-Denkweise

Die Wunder-Denkweise ist, wenn wir Wunder ganz selbstverständlich erwarten, anstatt uns vor der Zukunft zu grausen. Eine der wichtigsten Botschaften Jeremiels ist: »**Wenn wir unserem Geist erlauben, Gott zu treffen, ist es unmöglich, Angst zuzulassen, also wird unser Leben frei von Rückschlägen und voll von Wundern sein.**«

Wenn wir mit Jeremiel arbeiten, werden uns Handlungen bewusster, die in unserem Leben Illusionen und Disharmonie erzeugen, und wir können lernen, diese komplett zu vermeiden. Wenn wir fühlen, dass wir wieder zurück in alte Gewohnheiten rutschen, können wir dieses Affirmationsgebet sprechen:

»Danke schön, Gott und Jeremiel, dass ihr in meinen Geist gekommen seid und mir die Wunder in meinem Leben aufzeigt. Es fühlt sich so gut an – ein Leben voller Barmherzigkeit! Ich bin ein Licht und weiß, dass ich geliebt werde!«

Sich mit Jeremiel verbinden

Jeremiel kann uns helfen, unser Leben zu erneuern, ein Leben des Dienens und der Gnade zu leben und zu erkennen, dass uns Illusionen behindern, anderen zu vergeben und eine Denkweise für Wunder zu haben.

Ein Gebet an Jeremiel

Hier ein Gebet, um Jeremiels Energie in unser Leben zu lassen:

»Jeremiel, Engel der Gnade, Diener des Lichts, ich danke dir, dass du in meine Energie eingetreten bist und damit Wunder erweckt hast. Ich erlaube meinen Illusionen, sich als Visionen und Träume zu zeigen. Indem ich die Illusionen anerkenne, lasse ich sie frei. Ich erinnere mich an den göttlichen Funken der Liebe, der in mir ist. Ich erkenne an, dass diese Liebe mich mit allem, was ist, verbindet. Vergebung ist ein natürlicher Teil dessen, was ich bin. Ich bin frei, ich bin barmherzig! Und so ist es!«

Jeremiel und andere Erzengel

- Jeremiel und Jophiel ermutigen uns, positiv zu denken.

- Jeremiel arbeitet mit Zadkiel für Vergebung und Gnade.

Die Erzengel

Jophiel

Jophiel war der Erzengel, der den Baum der Erkenntnis im Garten Eden bewachte. Man assoziiert sie stark mit Natur. Ihr Name bedeutet *Gottes Schönheit,* und eine ihrer Hauptaufgaben ist es, uns zu helfen, die Schönheit um uns herum zu sehen.

Ich sah bei Jophiel immer eine Ähnlichkeit mit einer hawaiianischen Frau. Sie hat tolle bronzefarbene Haut, haselnussbraune Augen, und ihr Haar ist lang, dunkel und fließend. Sie bewegt sich sehr anmutig. Manchmal sehe ich sie einen Stern in der Hand tragen, und manchmal sitzt er auf ihrer Stirn. Sie erinnert mich an den Popstar Nicole Scherzinger, die selbst eine hawaiianische Göttin ist.

Jophiel ist einer meiner Lieblingsengel. Sie kommt herein wie eine frische Brise und ermutigt uns, das ständige Geplapper unseres Geistes loszulassen und die Unordnung in unserem Zuhause. Wenn Ihr Zuhause viel müde, hängen gebliebene Energie hat, öffnen Sie die Fenster und lassen Sie Luft rein. Wenn Sie sich von Ihrer Arbeit runtergezogen fühlen oder Ihr kreativer Fluss blockiert ist, gehen Sie raus und atmen Sie tief frische Luft in Ihre Lungen. Jophiel wird Ihnen helfen! Wenn ich in meinem Büro arbeite, heiße ich sie oft willkommen, um den Raum zu reinigen, damit die Energie mit Liebe schwingt.

Was toll ist bei Jophiel: Man kann mit ihr nicht rumeiern. Sie kommt direkt zur Sache, hat einen wahren Sinn für Tat- und Durchsetzungskraft. Sie hilft uns aufzuwachen und zuzuhören. Jophiel zeigt uns Unordnung auf, die uns aufhält und schwächt. Außerdem ermutigt sie uns, langsam zu machen und die Schönheit unseres Lebens im Hier und Jetzt schätzen zu lernen. Das erinnert mich daran, wie Maxine, ein Mädchen, das ich kenne, einmal zu mir sagte: »Es geht nicht darum, wo du hingehst oder wo du warst – guck dir diese Aussicht an!«

Das ist wirklich sinnvoll. So viele von uns sind zu sehr damit beschäftigt, was als Nächstes ansteht oder was uns in der Vergangenheit passiert ist, als dass wir die Schönheit direkt vor uns sehen können. Jophiel hilft, sich auf den gegenwärtigen Moment zu konzentrieren. Hier ist eine Botschaft von ihr:

»Mach mal kurz Pause und nimm einen tiefen Atemzug. Indem du ausatmest, lässt du alte Muster deines Geistes und Körpers frei. Arbeite mit mir zusammen, um dein Inneres zu verschönern, dein inneres Licht anzuerkennen und Vertrauen aufzubauen, um es zu teilen. Du magst nicht adäquat auf all deine zukünftigen Pläne vorbereitet sein, aber du bist göttlich. Deine Seele, dein unendlicher Funken in dir, der nie endet, ist auf alles vorbereitet. Es ist Zeit, Freund, dein Licht mit dem Planeten zu teilen. Ich werde dir helfen!«

Die Stimme des Ego verstummen lassen

Jophiel kann uns helfen, Vertrauen zu haben und die Stimme von Zweifel und Angst verstummen zu lassen – die Stimme des Ego –, besonders dann, wenn wir spirituelle Arbeit verrichten, wie Engelorakel-Readings, Reiki oder Meditation.

Wenn Sie eine dieser Personen sind, die ständig an spirituellen Informationen zweifeln – dann ist Jophiel Ihre Frau. Sie bringt Ihnen das Vertrauen, das Sie brauchen. Wenn Sie sie fragen, wird sie Ihnen dabei helfen, den Unterschied zwischen der Stimme des Geistes und der Stimme des Ego zu erkennen, sodass Sie in Ihrer spirituellen Entwicklung vorankommen.

Die Erzengel

Schönheit innen und außen entdecken

Jophiel ist die *Schönheit Gottes*, aber Schönheit ist auch in uns. Wenn wir Jophiel in unserem Leben willkommen heißen, werden wir uns viel besser in unserer Haut fühlen und uns wirklich gefallen. Unser Körper ist unsere physische Hülle. Er ist aber auch die Heimat unseres Geistes, während wir hier sind. Jophiels Energie wird beide – den Körper und den Geist – gründlich ausmisten, sodass wir Barrieren der Angst beseitigen und die Schönheit in uns sehen können.
Sie wird uns auch dabei helfen, die Wahrhaftigkeit unserer Seele zu entdecken. Wenn wir uns mit dieser Wahrhaftigkeit verbinden, vereinen wir unser ganzes Leben mit Liebe, Gott und unserer Bestimmung. Und nichts ist wichtiger als das.

Eine Affirmation, die Jophiel bringt, ist ganz einfach:

»Ich bin die Schönheit Gottes!«

- Sagen Sie diese Affirmation zu jeder Gelegenheit zwei Wochen lang und sehen Sie, wie sich Ihr Leben verändert und wie andere Sie sehen.

Sich mit Jophiel verbinden

Jophiel kann uns dabei helfen, unser Durcheinander und alte Energien aufzuräumen, die Stimme unseres Ego verstummen zu lassen, unsere innere Schönheit zu entdecken und unser Leben mit Liebe zu füllen.

Ein Gebet an Jophiel

Hier ein Gebet, um Jophiels Energie in unserem Leben willkommen zu heißen:

»Ich atme tief und fülle mein Inneres mit frischer, sauberer Luft. Indem ich ausatme, lasse ich das Durcheinander meines Geistes und Körpers frei. Indem ich das tue, erlaube ich mir selbst, klarer zu sehen und zu hören. Ich danke dir, Jophiel, dass du mich dabei unterstützt, meine innere Schönheit zu entdecken – und dafür, dass du die Stimme meines Ego verstummen lässt, sodass ich Gott klar hören kann. Ich fühle mich so lebendig und weiß, dass deine Flügel mich vorwärts tragen. Und so ist es!«

Jophiel und andere Erzengel

- Jophiel arbeitet mit Jeremiel daran, uns zu positiven Denkweisen zu ermutigen.

- Zählen Sie auf sie und Raziel, um Ihre Aufmerksamkeit zu vertiefen und Ihren Geist bei Meditationen zu beruhigen.

Die Erzengel

Metatron

Erzengel Metatrons Name könnte möglicherweise vom hebräischen *Meta Thronon* abstammen – *der dem göttlichen Thron am nächsten ist*. Das würde den Erzengel außerdem automatisch mit dem Throne-Chor in der Engelshierarchie verbinden.

Metatron ist ein besonderer Engel, weil er ehemals als Mensch auf der Erde wandelte. Er war bekannt als Enoch und war Prophet und Schreiber, der so viele Kenntnisse vom Göttlichen gewann, dass er in den Erzengel-Status aufstieg, als er verstarb. Metatron ist ein wunderschöner, junger Engel. Er ist einer der größten Engel, die ich je gesehen habe, aber er kommt auch oft in erreichbarer Höhe zu Besuch. Er hat hellbraunes Haar, bronzene Haut, tief indigoblaue Augen und ein wirklich kantiges Kinn – denken Sie an einen dunkelhäutigen Robert Pattinson aus den *Twilight*-Filmen. Er trägt übrigens magentafarbene Kleider.

Metatron hat viel mit den Veränderungen und Transitionen unseres Planeten zu tun. Im Moment hilft er uns beim Nutzbarmachen der erneuerbaren Energien, die uns vom Universum gegeben wurden. Ich nenne ihn den Engel, der den *Himmel mit der Erde verbindet*. Mit seinen menschlichen Kenntnissen und seiner Engelerfahrung könnte es niemand besser machen. Eine der Sachen, die ich fühle, wenn ich mit ihm arbeite, ist, dass er mich mit beiden – dem Himmel und der Erde – gleichzeitig verbindet. Es ist, als ob er uns zeigen will, dass man seinen Worten Taten folgen lassen sollte!

Die »New Kids On The Block«

Als aufgestiegener Meister zeigt Metatron den »New Kids On The Block« den Weg. Damit gemeint sind die Erdenengel, die zukünftigen Führer- und Kämpfernaturen, die uns zurück zur Harmonie führen werden. Sie sind auch bekannt als Indigo-, Kristall- und Regenbogenkinder. Sie sind die zukünftigen Propheten, Psychiater und Heiler, die bereits hier sind, um ihre Liebe zu lehren und zu teilen.

Indigokrieger

Ein riesiger Zustrom von Indigos kam zwischen den späten Achtzigern und den späten Neunzigern an, obwohl viele auch schon vorher da waren. Ich nenne diese erstaunlichen Seelen lieber *Indigokrieger* als *Indigokinder*, weil die meisten von ihnen inzwischen erwachsen sind. Sie sind geborene Medien mit glühendem und rebellischem Geist. Mir selbst wurde tausendmal gesagt, dass ich einer von ihnen bin!

Viele dieser Seelen suchten sich Familien aus, die daran erinnert werden mussten, was Liebe bedeutet. So kamen sie zu zerrütteten Familien mit schlechten Eltern oder wurden adoptiert. Sie sind hochsensible, hyperaktive Wesen, die wie auf Knopfdruck von cool und gesammelt bis hin zu destruktiv umschalten können. Viele von ihnen haben den Stempel ADS, ADHS, Autismus oder Zwangsstörungen. Wenn sie sich an ihren göttlichen Ursprung erinnern können, haben sie das Zeug dazu, kraftvolle Medien, Führer oder Friedensaktivisten zu werden.

Sie können Lügenmäuler in Sekunden entlarven und obwohl sie Heißsporne sein mögen, haben sie allen Grund, hier zu sein! Eine der besten Sachen dieser Indigogeneration ist, dass sie eine Passion für Wahrheit und Integrität hat, die sie gern mit anderen teilt.

Traurigerweise haben sich viele Indigos im Leben verloren, aber Metatron kann ihnen helfen, zurück in ihre Spur zu kommen. Wenn Sie jemanden mit Indigoqualitäten kennen, senden Sie ihn jetzt zu ihm.

Kristall- und Regenbogenkinder

Kristall- und Regenbogenkinder sind Seelen, die älter erscheinen als ihr physischer Körper oder so, als wenn sie schon einmal hier gewesen wären. Sie werden mit hellen, blitzenden Augen geboren und sind unglaublich liebevoll, warmherzig und großzügig. Sie haben ein natürliches Mitgefühl und vergeben schnell. Normalerweise werden sie in eine sichere Umgebung und funktionierende Familien geboren, weil sie sich konzentrieren müssen, um möglichst viele Menschen zu erreichen und zu berühren. Sie können die Auren der Menschen sehen und werden ihr Bestes tun, um sie von Leid zu befreien.

Ich habe einige dieser Seelen getroffen und kann meine Gefühle nicht zurückhalten, wenn ich mich mit ihnen verbinde. Ihren Herzen entspringt eine göttliche Liebe, die der der Engel und aufgestiegenen Meister sehr ähnlich ist.

Diese Kinder sind sehr sensibel, und viele von ihnen werden in der Schule gehänselt und geärgert. Aber dadurch werden sie ihr sanftes Naturell nicht verlieren, denn sie zeigen diesen kleinen Tyrannen einfach ihr liebevolles Verhalten. Sie vergeben ihnen und nutzen jede Gelegenheit, ihnen Liebe beizubringen.

Viele Kristall- und Regenbogenkinder fühlen sich von Religionen und Spiritualität sehr angezogen. Einige, die ich getroffen habe, gingen sehr gerne zur Kirche, sangen Kirchenlieder und sprachen ihre Gebete. Es ist fast so, als ob sie Inkarnationen Buddhas wären, denn sie strahlen diesen tiefen, inneren Frieden aus und wollen allem im Leben Mitgefühl und Liebe zeigen – also wundern Sie sich nicht, wenn so ein Kind plötzlich Vegetarier wird!

Metatron kann diesen Kindern auf ihrer Seelenmission helfen. Falls Sie so jemanden kennen, dann stellen Sie ihm diesen Engel vor.

Hier ein Gebet, um alle diese Kids der neuen Zeit zu unterstützen:

»Metatron, du Throne, der dem Göttlichen am nächsten ist,
ich danke dir, dass du deine kristalline Energie um [Name
der Seele] gehüllt hast, und dafür, dass du diese Seele führst.
Ich bin so dankbar, dass sie dadurch erfüllt ist, ein Gefühl für
ihre Bestimmung hat und sich daran erinnert, wer sie wirklich ist.
Zeige ihr, wie sie in ihrem wunderbaren Licht scheinen kann,
und lass sie ihre wahren Führungsqualitäten entdecken!
Und so ist es!«

Der Indigostrahl

Indigokrieger verkörpern die Energie des Indigostrahls, der aus dem Universum auf unseren Planeten scheint. Um Indigos zu verstehen oder sogar etwas über ihre hochsensitiven Qualitäten, können wir uns mit dieser Energie verbinden. Der Indigostrahl wird von Metatron und den Indigoengeln beschützt, die unserem Wunsch nach Verbindung entsprechen werden. Wir können auch visualisieren, wie wir in Indigolicht getaucht sind. Dadurch können wir unsere eigenen übersinnlichen Fähigkeiten erwecken und unsere Achtsamkeit stärken.

Der kristalline Strahl

Der kristalline Strahl ist eine Stufe höher als der Indigostrahl. Er geht über mediale Hellsichtigkeit hinaus und schenkt uns intuitives Wissen und innere Weisheit. Wir dürfen mit ihm arbeiten, aber wenn wir das machen, müssen wir auch Vergebung praktizieren.

Mit dem kristallinen Strahl kommt Mitgefühl – es wäscht sich durch jede unserer Zellen und hilft uns, Licht auszustrahlen, wo immer wir auch sind. Für Hellseher und -hörer wird unsere Energie aussehen wie ein Prisma, das in einem Fenster hängt und funkelt.

Obwohl Metatrons Aura enge Verbindungen zu tiefem Magenta und Indigo hat, trägt sie auch den kristallinen Strahl.

Sich mit den Chakren verbinden

Chakra ist ein Wort aus dem Sanskrit, das *Rad* bedeutet und benutzt wird, um einen spirituellen Energiepunkt am Körper zu beschreiben. Es gibt sieben Hauptchakren, die in einem Regenbogenspektrum von der Wirbelsäule bis zum Kopf gehen.

Verzeichnis der Engel

Jedes Chakra hat körperliche sowie nichtkörperliche Verbindungen:

● Das Wurzel-Chakra, Muladhara (*Wurzelunterstützung*), findet man am Ende der Wirbelsäule. Es ist rot und wird mit unseren Grundbedürfnissen assoziiert. Dazu zählen Sicherheit, Familie, Heim und Finanzen.

● Das Sakral-Chakra, Svadisthana (*der eigene Platz*), befindet sich kurz unter dem Nabel. Es ist orange und mit unserem Fortpflanzungsapparat und den Sexualorganen verbunden.

● Das Solarplexus-Chakra, Manipura (*Platz der Juwelen*), ist in der Magengegend. Es ist gelb und mit unserer Willenskraft, unserem Elan und unserer Energie verbunden.

● Das Herz-Chakra, Anahata (*gelöst*), befindet sich im Herzzentrum. Es ist grün und verbunden mit unserer Fähigkeit, zu lieben, zu teilen und Selbstlosigkeit zu praktizieren.

● Das Hals-Chakra, Vihuddha (*der reine Ort*), befindet sich am Hals. Es ist blau und verbunden mit unseren Kommunikationsqualitäten und der Fähigkeit, mit Integrität zu sprechen.

● Das Dritte-Auge-Chakra, Ajna (*Befehl*), befindet sich zwischen den Augenbrauen. Es ist indigofarben und

136

Die Erzengel

mit unserer Wahrnehmung verbunden. Außerdem lenkt es unsere Fähigkeit hellzusehen.

- Das Kronen-Chakra, Sahasrara (*Lotus der tausend Blütenblätter*), befindet sich auf dem Scheitel. Es ist violett und mit unserer Spiritualität und unserem Glauben verlinkt.

Das Seelenstern-Chakra

Es gibt auch noch das Seelenstern-Chakra, das sich etwa fünfzehn Zentimeter über unserem Kopf befindet. Das ist unsere Verbindung zur göttlichen Führung. Wenn wir uns mit dieser sechseckigen geometrischen Form verbinden, verbinden wir unsere Chakren mit dem kristallinen Strahl und dem Indigostrahl, sodass wir die Fähigkeit zu führen erhalten. Wir werden durchsetzungsfähig sein, aber auch voller Mitgefühl und Liebe für andere. Wenn wir uns wirklich mit diesem Stern verbünden – durch Meditation oder Gebet –, werden wir reich beschenkt werden an Körper, Geist und Seele.

Appellieren Sie an Metatron, um sich mit dem Seelenstern-Chakra und der göttlichen Führung des Himmels verbinden zu können. Ich nenne diese Verbindung:

In den Himmel einchecken

- Schließen Sie Ihre Augen und nehmen Sie einige tiefe Atemzüge durch die Nase. Fühlen Sie, wie Sie immer entspannter und zentrierter werden.

Verzeichnis der Engel

- Visualisieren Sie einen sechseckigen Stern über Ihrem Kopf, der ein kristallklares Licht über Ihren ganzen Körper schickt.

- Atmen Sie in dieses göttliche Licht hinein und fühlen Sie, wie Ihre Verbindung zum Himmel wächst. Während Sie das tun, danken Sie Metatron für seine Gegenwart und dafür, dass er Ihnen dabei hilft, sich mit der universellen Weisheit zu verbinden.

- Fragen Sie nach Situationen, für die Sie lichtvollen Rat benötigen.

- Noch eine große kleine Sache, die Sie sagen können:

    »*Liebes Universum, danke, dass du mich zu meiner Bestimmung führst und mich das machen lässt, was du mich tun lassen willst, mich dorthin bringst, wo du mich haben willst, und dass du mich das sagen lässt, was du mich sagen lassen willst.*«

- Dann geben Sie sich einfach der Meditation hin und folgen der angebotenen Führung, wie auch immer diese zu Ihnen gelangt.

- Wenn Sie sich bereit fühlen, erkennen Sie Ihre Segnungen an und bedanken Sie sich für alles, was Sie erhalten haben. Danach öffnen Sie die Augen.

- Denken Sie daran, sich einige Notizen über die empfangene Weisheit zu machen.

Die Erzengel

Zu diesen Meditationen oder Visualisierungen nehme ich mich mit meinem Handy auf, wie ich durch diese Schritte und Gebete gehe, sodass ich während der Meditation entspannen kann und mich nicht fragen muss, *ob ich alles richtig mache*.

Wichtig ist auch zu wissen, dass es vor allem um die Intention selbst geht und Sie sich auf Ihre eigene kleine Reise begeben können, wenn Sie möchten! Vertrauen Sie darauf, dass die Engel Sie führen werden.

Göttliches Timing

Erzengel Metatron kann uns auch bei Zeitproblemen und -beschränkungen helfen. Seit der Jahrtausendwende mögen Sie gefühlt haben, dass die Zeit immer schneller wurde. So viele Lichtarbeiter (diejenigen, die sich dafür entschieden haben, hier inkarniert zu sein und ein Leben in Liebe zu leben) bemerken heutzutage, wie oft sie zu spät kommen oder Termine verpassen, weil sie ihr Zeitgefühl verloren haben. Mit dieser planetarischen Weisheit kann Metatron uns helfen, sodass wir uns diesen Veränderungen besser anpassen können, damit unser Zeitplan wieder stimmt.

Benutzen Sie dieses Gebet oder etwas Ähnliches:

»Ich danke dir, Metatron, dass du die Zeit so eingestellt hast, dass ich wieder gut im Zeitplan bin! Ich bitte darum, dass alles zum Besten aller geschehen wird. Dabei bin ich mir bewusst, dass das göttliche Timing stets das richtige ist.«

Verzeichnis der Engel

Hier ist eine Botschaft von Metatron:

»Im Himmel gibt es keine Begrenzungen bei Zeit und Raum. Wenn du mit mir arbeitest, werde ich dir helfen, dich mit der spirituellen Kraft zu verbinden und dich zu verankern, damit du effizient arbeitest und die Prioritäten auf deinem Weg gut erkennst. In jedem Mann und jeder Frau schlummert ein spiritueller Krieger, der nur darauf wartet, forsch die Richtung anzugeben und uns zu leiten. Indem du dich mit dem Seelenstern verankerst und dir selbst erlaubst, wie ein Kristall zu funkeln, verwandelst du dich in deinen inneren spirituellen Krieger und wirst andere liebevoll zu spirituellem Wachstum führen und ihnen dabei helfen, die Liebe in allem zu sehen!«

Sich mit Metatron verbinden

Metatron kann uns helfen, Indigo-, Regenbogen- und Kristall-kinder an diese Welt zu gewöhnen, sodass sie ihren Lebens-aufgaben nachkommen können. Außerdem kann er unsere Chakren ausbalancieren, uns mit der göttlichen Führung ver-binden und uns beim Zeitmanagement unterstützen.

Ein Gebet an Metatron

Hier ein Gebet, um Metatrons Energie in unser Leben zu holen:

Die Erzengel

*»Metatron, Erzengel des Aufstiegs, ich danke dir,
dass du mit deiner Energie, die über Zeit und Raum
hinausgeht, zu mir gekommen bist. Während deine
kristallinen und deine magenta- und indigofarbenen
Strahlen mich umgeben, kommt meine Seele im
Hier und Jetzt in Balance. Ich finde meine Bestimmung
in der Gegenwart und erlaube der göttlichen Führung,
mich weiter fortzutragen. Meine Chakren verbinden sich
mit Liebe, und ich bereite mich darauf vor,
den Himmel auf Erden zu schaffen. Und so ist es!«*

Metatron und andere Erzengel

- Metatron arbeitet mit Orion und Sandalphon zusammen, damit wir uns den aktuellen spirituellen Veränderungen auf der Erde besser anpassen können.

- Metatron und Raphael arbeiten zusammen, um unseren Körper und unsere Energie zu säubern. Gemeinsam sind sie auch eine großartige Kombination, die man herbeirufen kann, wenn man Reiki praktiziert.

- Metatron und Sandalphon arbeiten zusammen, um sicherzustellen, dass wir eine spirituelle Verbindung haben, ohne dabei unsere *Balance als Mensch* zu verlieren.

Michael

Der wahrscheinlich bekannteste aller Engel ist *Der wie Gott ist* – Erzengel Michael. Er ist der Erzengel des Schutzes und der Stärke und er sorgt auch dafür, dass die anderen Erzengel und Schutzengel ihre Pflichten erfüllen. Michael ist einer der größten Engel, die es gibt.

Er hat eine wunderschöne königsblaue Aura, trägt ein Schwert aus Licht und Feuer und ist ein großer Krieger, der uns helfen wird, wenn wir nur unsere Ängste überwinden. Wenn ich in seine Augen sehe, sehe ich Licht und Feuer darin herumwirbeln. Er verbindet uns mit dem Element Feuer. Jeder Lichtarbeiter wird von Michaels Energie begleitet. Er beschützt uns vor Energielosigkeit und feindlichen Gedanken. Er will uns helfen, selbstbewusst zu sein und intuitiv zu wissen, was richtig ist. Das Lichtschwert, das Michael trägt, auch bekannt als »das Schwert der Wahrheit«, ist ein mächtiges Symbol. Es zerstört die Hürden der Angst, die Bindungen der Vergangenheit und die Ketten, die uns an den Zorn binden. Mit einem schnellen Schlag seines Schwertes befreit Michael uns davon.

Ich habe Erzengel Michael kennengelernt, als ich gerade mal 15 Jahre alt war und damit begann, Readings mit Engelskarten zu geben. Er war der *einzige* Erzengel in meinem Lieblingsdeck *Das Heil-Orakel der Engel* von Doreen Virtue. Dieser Kartenstapel hat mein Leben und meine Selbstwahrnehmung total verändert. Zehn Jahre später nutze ich es immer noch und bete jeden Tag zu Michael. Michael ist der Engel, der uns wirklich ermutigt, den Botschaften zu vertrauen, die wir empfangen, sowie anderen zu dienen. So viele von uns haben eine Menge spirituelle Wahrheiten im Laufe ihres Lebens gelernt, fühlen sich jedoch nicht qualifiziert, diese weiterzugeben.

Wenn Sie sich angesprochen fühlen, dann ist dies Michaels Botschaft an Sie:

»Du bist bereits qualifiziert dazu, Spiritualität zu vermitteln, weil du ein spirituelles Wesen bist. In dir ist ein großes Licht, das darauf wartet, scheinen zu dürfen, und ich bin hier, um dir zu helfen. Rufe mich an, um die Hürden und Blockaden zu lösen, die dich zurückhalten, dann kannst du stark bleiben und diese Stärke auch weitergeben. Glaube fest an die höhere Macht, wage einen Sprung vorwärts, breite deine Flügel aus und lass sie dich in neue Höhen tragen! Es ist die perfekte Zeit dafür!«

Erlauben Sie dieser Botschaft, Sie dazu einzuladen, den ersten Schritt zu tun. Indem Sie auch die weiteren Schritte gehen, die Ihnen gezeigt werden, werden Sie erleben, wie Gott und die Engel Ihnen Ihren Lebensweg ebnen!

Die Bänder zerschneiden

Michael wird zu jedem kommen, der ihn bittet, die Bänder zu zerschneiden, die ihn zurückhalten. Sein Schwert ist so mächtig und stark, dass nichts seine Kraft aufhalten kann. Es ist eine gute Sache für uns, diese Bänder regelmäßig zu zerschneiden. Wenn wir ein negatives Erlebnis haben oder uns jemand von seinem Schicksal erzählt, kann sich diese negative Energie in unserer Aura festhaken, ohne dass wir es überhaupt bemerken. Das macht allerdings eine *Person* nicht negativ, denn es ist ja nur die Energie, die durch eine bestimmte Situation erzeugt wurde. Wenn Sie sich jemals unausgeruht oder unerklärlich

wütend gefühlt haben, Sie nicht einschlafen konnten oder Alb-
träume hatten, dann liegt das daran, dass Ihr Körper versucht
hat, diese negative Energie abzuarbeiten und loszuwerden.
Wenn Sie mit Michael zusammenarbeiten, werden Sie augen-
blicklich davon befreit. Sie können die Bänder auf zwei Weisen
zerschneiden, entweder durch Gebet oder durch Visualisierung.
Ich persönlich tue beides.

Visualisierung,
um die Bänder zu zerschneiden

● Denken Sie sich an einen sicheren, mit Licht
gefüllten Ort, ganz umgeben von Engeln.

● Nun stellen Sie sich alte Situationen, Meinungen
anderer Leute über Sie, belastende Verbindungen als
Energiebänder vor, die von Ihrem Körper ausgehen.

● Wenn Sie Bänder an Ihrem ganzen Körper spüren,
laden Sie Erzengel Michael ein, diese zu zerschneiden.
Stellen Sie sich einen großen, stattlichen Engel vor,
der mit seinem Schwert aus Licht herbeikommt
und diese Bänder so leicht durchtrennt, als würde
er einen Faden mit einer Schere zerschneiden.
Beobachten Sie, wie die Bänder durchgeschnitten
werden und abfallen.

● Wenn Sie spüren, dass alle Bänder zerschnitten
wurden, danken Sie den Engeln im Allgemeinen und
Michael im Speziellen. Öffnen Sie dann Ihre Augen.

Die Erzengel

Dieses Gebet hilft ebenfalls:

»*Danke, Erzengel Michael, dass du die Bänder zerschnitten hast, die mich an Menschen, Situationen und alte Energie gebunden haben. Ich bin frei. Während ich deine Energie empfange, werde ich mit Stärke erfüllt, und dein Licht des Schutzes strömt durch mich! Und so ist es!*«

Negative Energie vertreiben

In meiner Arbeit kläre ich regelmäßig alte Energie. Dabei bemerkte ich, dass Erzengel Michael eingeladen werden kann, um eine Wohnung oder einen Raum von negativer Energie zu reinigen. Ich glaube wirklich, dass negative Energie und negative *Geister* für gewöhnlich eher Objekte der Angst für Leute darstellen als irgendetwas anderes. Ich ermutige Menschen immer, sich nicht zu fürchten, weil das erst recht eine furchtvolle Situation erzeugt.

Erzengel Michael arbeitet sehr eng mit Jesus zusammen, um Heilung und bedingungslose Liebe dorthin zu bringen, wo sie wirklich benötigt werden. Wann immer ich mich unbehaglich fühlte oder mich eine Situation stark herausforderte, habe ich erlebt, dass dieses ultimative Duo aufgestiegener Meister das Beste ist, was man hinzuziehen kann. Dieses Gebet könnten Sie nutzen:

»Himmlische Herren Erzengel Michael und Herr Jesus,
danke, dass ihr jetzt hier bei mir seid.
Mit deinem Schwert der Wahrheit, Michael, zerschneide
die Bänder der Angst, die Blockaden des Zweifels und
die Ketten des Zorns, die diese Situation umgeben.
Während du das tust, verwandeln sie sich in Liebe.
Danke, Jesus, dass du mich mit deinem heiligen Herzen
segnest und mich liebevoll führst. Ich vergebe alles,
was vergeben sein muss, und werde ein Licht für die Welt
mit meinem gereinigten Herzen. Ich unterwerfe mich dem
göttlichen Willen und weiß, dass nur Gutes vor mir liegt!«

Jesus hat ein Herz voll bedingungsloser Liebe und kann von jedem gerufen werden, egal was er glaubt oder welcher Religion er angehört. Seine Energie ist nicht exklusiv, sondern universal. Er ist ein offenherziger Lehrer, der wirklich die ganze Atmosphäre verändert. Wenn Sie jemals an einem Ort sind, wo Sie sich bedroht fühlen oder sich fürchten, ist er definitiv der Richtige, um Ihnen innere Ruhe zu geben.

Ich hatte kürzlich eine Privatsitzung mit einer Dame, die Schwierigkeiten mit ihrem Expartner und seiner mächtigen Familie hatte wegen des Sorgerechts für ihre Tochter. Seine Familie waren religiöse Nigerianer, die dem jungen Mädchen Flüche beigebracht hatten, und nun nannte sie ihre Mutter ständig »Teufel« in ihrer Muttersprache.

Als ich mich in die Situation einschaltete, fühlte ich mich wirklich bedrückt. Es sah aus, als ob die Familie eine Art *Mojo*

Die Erzengel

für die Dame verwendet hatte. Sie gab zu, dass sie sich gefragt hatte, ob sie verflucht sei oder negative Spirits involviert seien, und obwohl ich das nicht sah, wusste ich, dass ich begann, unruhig wegen der ganzen Sache zu werden – und dabei war es ja meine Aufgabe, neutral zu bleiben. Ich brauchte Hilfe.

Ich sagte zu ihr: »Sie sind der Wächter Ihres Gedächtnisses und Ihres Körpers. Aber wenn Sie fühlen, dass diese Familie Macht über Sie hat, werden sie auch Macht über Sie haben. Ich spüre, dass diese Situation eines großen Lichts bedarf, ich werde also Jesus und den Erzengel Michael einladen.«

Sobald ich meine Augen geschlossen und sie eingeladen hatte, veränderte sich die Atmosphäre in meinem Büro komplett. Auch die Energie um die Frau herum begann sich zu verändern, und sie sagte, dass sich jedes Haar an ihrem Körper aufrichtete. An diesem Punkt konnte ich klar sehen, was los war. Der Mann hatte darüber nachgedacht, das Mädchen mit in den Urlaub zu nehmen und nicht mehr zurückzukehren. Als ich das der Dame erzählte, sagte sie: »Ja, er hat schon einige Male versucht, sie aus dem Land zu bringen. Ich war immer dagegen.«

Jesus und Michael zerschnitten die Bänder der Furcht, die um diese Frau waren und für ihre Schwierigkeiten verantwortlich waren. Dann füllten sie ihr Herz mit liebevollem goldenem Licht. Danach fühlte sie sich erstaunlich. Sie nahm ihre übrigen Engelskarten, und diese stellten klar, dass die Situation jetzt gelöst werden würde. Ich werde niemals vergessen, dass ihre letzte Karte *Wunder* war. Ich sage Ihnen, an diesem Tag war definitiv eines geschehen.

Verbindung mit Michael

Michael kann uns helfen, Angst zu überwinden, Stärke zu gewinnen und unsere Energie zu schützen. Er kann außerdem Bänder zerschneiden, die uns zurückhalten, und uns so helfen, auf unserem Weg vorwärts zu gehen. Da Michaels Aura blau ist, können Sie sich mit ihm verbinden, indem Sie sich von Königsblauem Licht umgeben vorstellen oder indem Sie diese Farbe in Ihrer Kleidung, Bettwäsche oder sogar an der Tapete verwenden.

Eine großartige Affirmation dafür ist:

»Ich bin umgeben vom blauen Licht des Schutzes von Erzengel Michael!«

Ein Gebet zu Michael

Hier ein Gebet, um Michaels Energie in Ihr Leben einzuladen:

»Erzengel Michael, himmlischer Herr,
ich bin so dankbar für dein Licht und deine Gegenwart.
Ich lade deine Energie jetzt in diesem Moment in mein Leben ein.
Ich ergebe mich dir und lasse all die Ängste los, die ich nicht
mehr brauche. Ich gebe allen Widerstand und alle Sorgen an
den Himmel ab und weiß, dass ich vollkommen versorgt werde.

Die Erzengel

Danke, Michael, dass du die Bänder zerschnitten hast, die mich an Menschen, Orte und Situationen gebunden haben. Der Weg vor mir ist frei. Ich erkenne, dass ich Freiheit verdiene, und nehme sie von diesem Moment an in Anspruch. Nur Gutes liegt vor mir ,und ich werde durch dein Licht beschützt. Ich bin sicher. Und so ist es!«

Michael und andere Erzengel

- Michael arbeitet mit Ariel zusammen, um uns mit der Stärke zu versorgen, mit der wir durchsetzungsfähig sein können und uns sicher fühlen.

- Michael, Azrael und Zadkiel sind eine starke Kombination, um Angst zu transformieren oder aus einem Raum zu vertreiben.

- Michael arbeitet mit Chamuel zusammen, um uns zu helfen zu erkennen, ob unser Partner treu ist.

- Michael und Zadkiel können uns helfen, Ängste oder Phobien zu überwinden.

Orion

Der Oriongürtel ist der planetarische Rückzugsort eines *neuen* Erzengels, der nun unserem Planeten seine Energie zur Verfügung stellt. *Orion* bringt neue Informationen für eine neue Welt und hilft uns beim Verbinden mit dem Kosmos, sodass wir unseren besonderen Platz im Universum verstehen können. Erzengel Orion ist ein riesiger Engel, der als hübsche Figur aus Sternen erscheint und von oben auf uns herunterschaut. Seine Aura ist wie der Nachthimmel – mit durchscheinendem indigofarbenem Glitzerlicht.

Orion entdecken

Wie ich von Orion erfuhr, ist eine eigene Geschichte. Anfang 2012 erzählten mir meine Engel von einem neuen Erzengel, der sich dem Planeten bekannt machte. Ich war darüber wirklich begeistert. Im Juni dann luden mich meine Verleger zum Start meines ersten Buches nach London ein und gaben mir einige Karten für einen *Doreen Virtue*-Workshop. Ich war ganz aus dem Häuschen, denn Doreen war eine große Inspiration für mich. Wie Sie wissen, benutze ich ihre Karten jeden Tag!

Während einer von Doreens Meditationen wurden wir ermutigt, unsere Engel zu fragen, was wir über 2012 und unser Leben wissen wollten. Ich hörte immer nur wieder *Orion* in meinem Kopf. In dieser Nacht hörte ich in meinem Geiste: »Orion ist der neue Erzengel, mit dem du arbeiten wirst!«

Obwohl ich sehr begeistert war, war ich doch auch etwas unsicher darüber – denn schließlich, warum ich? Nachdem ich noch mal drüber nachgedacht hatte, sagte ich am nächsten Tag laut: »Nun, Orion, wenn du wirklich mit mir arbeiten möchtest, dann wäre es gut, ein Zeichen von dir zu bekommen!«

Charmant, ich weiß, und ich hatte noch nicht mal seinen Namen richtig hinbekommen. Ich hatte es eher wie in der Reklame für die Schokoladenkekse *Oreos* gesagt, ohne das *s* am Ende. Nach einer Woche hatte ich eine Buchveröffentlichungsparty, und als Überraschung hatte meine Mutter einen Keksfabrikanten gebeten, 100 Muffins zu backen. Sie hatten alle Sterne drauf und den Schriftzug *Kyle*. Und – dazu gab es Mini-Oreos! Ich lachte und dachte: *Orion, ist das jetzt das Zeichen? Wenn dem so ist, will ich, dass du mir noch etwas Besseres bringst!*

Die Party war ein großer Erfolg. 150 Leute – Freunde, Familie, Kollegen und Klienten – feierten mit mir und brachten sogar Geschenke. Abends im Hotelzimmer sah ich sie mir in Gegenwart einiger Freunde an. Es gab ein paar sehr schöne Präsente. Eines davon hat mich besonders berührt. Ein früherer Klient und jetziger guter Freund hatte mir zu Ehren einen Stern benannt. Ich war den Tränen nahe, als ich las, dass er sich in der südlichen Hemisphäre des Sternenhimmels befindet, in der Nähe von … ja, genau, Sie haben es erraten – Orion!

Ab diesem Zeitpunkt wusste ich mit Bestimmtheit, dass Orion ein Erzengel ist und dass er hier ist, um unserem Planeten zu helfen, sich der neuen Energie anzupassen.

Unser Lebenszweck

Wie Chamuel kann auch Orion uns beim Finden unseres Lebenszwecks, also unserer Bestimmung, helfen. Als ich mich mit seiner Energie in einer Meditation verband, kam folgende Botschaft durch:

»Dein Lebenszweck definiert nicht, wer du bist. Du wirst durch die Liebe definiert. Liebe ist der einzige Teil von dir, der real ist und der weiterexistieren wird, auch wenn dein Körper verschwunden sein wird. Nur weil du eine gewisse Fülle erschaffen musst, um leben zu können, heißt das nicht, dass deine Karriere deinen Lebenszweck definiert. Dein Lebenszweck soll dich daran erinnern, dass du die Essenz der Liebe bist. Wenn du jeden Gedanken, jede Handlung und jede Tat auf die Liebe ausrichtest, lebst du deine Bestimmung. Und nichts ist wichtiger als das.«

Orion ermutigt uns, unseren Lebenszweck auf Mitgefühl, Liebe und Vertrauen auszurichten. Wenn wir das tun, dann beginnen wir damit, verschiedene Gelegenheiten in unserem Leben zu manifestieren, wo wir helfen können. Anstatt zu fragen, was als Nächstes passiert, lassen wir los und geben uns dem Energiefluss hin, der durch uns durchgeht.

Der Sterneneingang

Orions Energie beherrscht das Sterneneingangs-Chakra, das 30 cm über unserem Kopf ist. Diese Energie ist nicht nur ein Chakra, sondern eine Milchstraße von Gelegenheiten! Es hilft uns, das Wissen der Engel zu bekommen, führt uns und sieht den Weg vor uns.

Und so kann man sich damit verbinden:

Die Erzengel

Visualisierung, um sich mit dem Sterneneingang zu verbinden

- Atmen Sie tief und fokussieren Sie sich für einen Moment auf Ihren Atem. Erlauben Sie sich, länger aus- als einzuatmen.

- Während Sie mehr und mehr entspannen, stellen Sie sich eine Milchstraße der Energie über Ihrem Kopf vor. Sehen Sie diese wirbeln wie eine Galaxie.

- Während Sie sich mit dieser tiefen Stille verbinden, erlauben Sie sich, in diese Galaxie zu gehen. Sehen und fühlen Sie sich frei von Zeit und Raum – verbunden mit allem, was ist.

- Während Sie dort sind, möchten Sie vielleicht sagen:

    »Danke, Universum und Engel, dass ihr mir das zeigt, was ich wissen muss!« Oder: *»Danke, Gott, dass du mich an meine wirkliche Bestimmung erinnerst!«*

Ich empfand diese Art der Meditation immer als sehr tief. Wann immer ich meine Kursteilnehmer zum Sterneneingangs-Chakra geführt habe, habe ich ihnen jedes Mal genügend Zeit gegeben, um sich mit ihrer tiefen inneren Führung zu verbinden. Denken Sie daran, dem zu vertrauen, was Sie empfangen, wenn Sie an diesem Ort sind, denn indem Sie sich auf das tiefe Atmen konzentrieren, verbinden Sie Ihre Energie mit dem Göttlichen, und das Ego kann Sie nicht mehr unterbrechen.

Öffnen Sie Ihre himmlischen Engelsflügel

Wenn wir anfangen, mit Orions Energie zu arbeiten, beginnen wir etwas zu öffnen, was als himmlische Engelsflügel bekannt ist! Diese Flügel repräsentieren unsere Verbindung mit den Engeln. Mit ihnen sprengen wir unsere Grenzen und sind frei. Der Augenblick, in dem wir die Flügel ausbreiten, ist äußerst kraftvoll. Wenn unsere Flügel eingezogen sind, erlauben wir uns, von äußeren Einflüssen beeinträchtigt zu werden, und falsche Emotionen oder die Verrücktheiten anderer Menschen können uns aufhalten. Wenn wir unsere himmlischen Engelsflügel öffnen, so ist es, als ob wir aus dieser Form ausbrechen. Ich stelle mir das so vor, dass die Flügel durch eine Gipsform oder Pappmaschee brechen – sie öffnen sich, und dann fliegen wir frei.

In den meisten meiner Meditationen ermutige ich die Studenten, sich selbst mit Flügeln genau wie der Engel vorzustellen, offen und nach oben steigend ausgestreckt. Das lässt sie immer lächeln!

Als Yogastudent bin ich mir bewusst, wie sehr körperliche Übungen unser Wachstum unterstützen. Ich sehe Yoga immer als Gebete in Bewegung. Während meiner Übungen spreche ich immer meine Gebete und Affirmationen. Durch meine Übung bin ich auf diese kleine Sequenz gekommen, die hilft, Ihre himmlischen Engelsflügel zu öffnen. Das ist wirklich hilfreich, besonders wenn Sie nicht besonders visuell sind.

• Stehen Sie barfuß, wenn Sie können, mit den Füßen hüftbreit auseinander. Die Fußsohlen sollten flach auf dem Boden sein. Drücken Sie Ihre Füße sanft in

Die Erzengel

den Boden und auseinander, als wenn Sie Fliesen auf dem Boden trennen würden.

- Nehmen Sie Ihre Hände vor Ihrem Herzen zum Gebet zusammen.

- Berühren Sie mit Ihrem Daumen Ihr Herz, Ihren Hals und Ihr drittes Auge, während Sie Ihre Hände in der Gebetshaltung lassen.

- Erlauben Sie Ihren Händen, weiter bis über Ihren Scheitel zu gehen, die Ellenbogen zur Seite.

- Machen Sie weiter, bis sie ungefähr 15 Zentimeter über Ihrem Kopf sind.

- Lassen Sie Ihre Arme nun locker und erlauben Sie ihnen, in der Luft Flügel zu formen, während sie wieder an Ihrer Seite runterkommen.

- Ihre himmlischen Engelsflügel sind nun offen! Seien Sie frei!

Ich mache diese Übung oft, besonders bevor ich zu einem Publikum spreche. Ich bin nie überrascht, wenn dann Leute zu mir kommen und sagen, sie hätten eine wirbelnde Energie um mich herum bemerkt, wie ein Paar Flügel. Versuchen Sie es und sehen Sie, wie es jeden Tag besser wird!

Sich mit Orion verbinden

Orion kann uns helfen, unsere Energie mit dem Kosmos und universellen planetarischen Informationen zu verbinden, unsere Bestimmung mit Liebe anzureichern, unser Sterneneingangs-Chakra anzuzapfen und unsere himmlischen Flügel zu öffnen.

Ein Gebet an Orion

Hier ein Gebet, um Orions Energie in Ihr Leben zu bringen:

*»Danke, Erzengel Orion, dass du mich inspirierst
und mein Leben mit deiner gestirnten Energie bereicherst.
Ich bin offen, deine Führung zu empfangen. Danke, dass du
mir zeigst, was ich wissen soll. Ich vereine alle meine Gedanken
und Taten mit Liebe im Wissen, dass das der wahre und
grenzenlose Teil meines Selbst ist. Ich bin sicher und heil,
wissend, dass du bei mir bist. Und so ist es!«*

Orion und andere Erzengel

- Orion und Ariel sind wunderbar zusammen, wenn es darum geht, Wohlstand und Fülle zu manifestieren.

- Orion arbeitet mit Metatron und Sandalphon zusammen, damit wir uns den aktuellen spirituellen Veränderungen auf der Erde besser anpassen können.

Raguel

Erzengel Raguel, der *Freund von Gott*, ist einer der Justizengel. Seine Aufgabe ist es, Harmonie und Balance in Situationen zu bringen, die außer Kontrolle geraten sind und denen es an Liebe mangelt.

Raguel ist ein wunderschöner Engel, und ich muss zugeben, dass es schwer für mich war, herauszufinden, ob seine Energie nun männlich oder weiblich ist. Man sagt, das Engel in ihrer Essenz androgyn sind, aber ich habe sie immer entweder als männlich oder als weiblich gesehen. Raguel erscheint männlich, aber er hat eine feminine und sanfte Erscheinung, die seine subtile Energie ergänzt. Ich sehe ihn immer als perlweißes Wesen mit einer orange Aura. Sein Gesicht ist blass und rund, seine Augen tief wie der Nachthimmel mit silbernen und weißen Verwirbelungen. Sein weißes Haar ist nach hinten gekämmt. Er steht da, mit zur Seite offenen Armen, und strahlt göttliche Liebe aus, die uns sanft zentriert.

Als ich mich mit Raguel verband, um verstehen zu können, welche Aufgabe und Bestimmung er hat, war dies die Botschaft, die ich hörte:

»**Meine Aufgabe ist es, ein Gefühl der Ruhe in Situationen und Orte zu bringen, die das Licht vergessen haben. Als Engel der Justiz ist es meine Aufgabe, sicherzustellen, dass auch in diesen Situationen das spirituelle Gesetz der Gnade beachtet wird. Ich bin unfähig zu helfen, wenn ich nicht gerufen werde. Wenn es allerdings um weltweite und universelle Belange geht, arbeite ich mit dem Gesetz der Gnade, um abzusichern, dass Licht dorthin gebracht wird, wo es benötigt wird.**

Ich habe ein besonderes Bedürfnis, Beziehungen zu retten, speziell, wo Familien Belastungen fühlen, die Brüche und Trennungen verursachen können. Ich bin hier, um jede Art von Konflikt in den Herzen und dem Zuhause der Beteiligten zu lösen. Es ist wichtig zu erwähnen, dass ich kein Richter bin und den Ausgang einer Situation nicht bestimmen kann. Das entscheidet das Universum, ich folge nur den Regeln, die vorhanden sind.«

Raguel ist immer anwesend, wenn es bei Readings um juristische Dinge geht. Wann immer ich seinen Namen im frühen Stadium einer Session einwerfe, weiß ich, dass er möchte, dass sich mein Klient wohlfühlt und sich auf Harmonie fokussiert.

Eine der besten Sachen bei Raguel ist, dass er Ihnen nicht beim Kämpfen helfen wird, sondern dabei, Harmonie zu schaffen. Kämpfen ist ein Produkt der Angst, doch Raguel steht für die *Liebe*.

Denken Sie daran, dass Standhaftsein auch eine liebevolle Sache sein kann. Wenn dieses Thema bei Ihnen eine Resonanz auslöst, vertrauen Sie sich Raguel an, er unterstützt sie.

Einmal machte ich ein Reading für eine russische Dame und ich konnte im Geist Raguel neben ihr stehen sehen. Er hielt die Waage der Gerechtigkeit in seiner Hand. Ich war noch nicht mal dabei zu erklären, wie das Reading funktioniert, da platzte ich schon damit raus: »Erzengel Raguel, der *Engel der Gerechtigkeit*, wird Ihnen helfen, die Bestimmung in Ihrem Leben zu finden. Und auch mehr Harmonie, denn Sie arbeiten momentan in einer Männerwelt!«

Die Erzengel

»Ich kann nicht glauben, dass Sie das gesagt haben«, antwortete sie. »Obwohl ich momentan in einem Labor arbeite, bin ich in meinem letzten Ausbildungsjahr zur Anwältin.«
Ich wusste, dass das die perfekte Aufgabe für sie war, und sie fühlte sich versichert, dass dieser Engel der Harmonie sie auf ihrem Weg ermutigen würde.

Konflikte lösen

Wann immer wir uns in einem Konflikt mit einer anderen Person befinden, ziehen wir all unsere Energie hinein und verschließen uns vor der göttlichen Liebe und Unterstützung, die für uns da ist – besonders wenn wir damit anfangen, die Person, mit der wir den Streit haben, zu kritisieren.

Wenn wir den Konflikt lösen wollen, gibt es eine wirklich wichtige Frage, die wir uns selbst stellen müssen, und sie kommt aus dem *Kurs in Wundern*:

»Würde ich lieber recht haben oder glücklich sein?«

Wenn Ihre Antwort »glücklich« ist, steht Raguel für Sie bereit.

Eine der Sachen, die er in seiner Botschaft erwähnte, war, dass er weder werten kann, noch entscheiden, wer recht hat und wer nicht. Doch dafür kann er eine Situation in Liebe umwandeln. Also wenn wir uns auf ihn verlassen, wird er unsere ganze Situation in sein orangefarbenes, harmonisches Licht tauchen.

Sich mit Raguel verbinden

Raguel kann uns bei jeder Art von Gesetzesfragen helfen, vor allem, wenn wir in diesem Bereich arbeiten. Er kann Situationen in Harmonie bringen, Konflikte und Streitereien lösen, Freunde willkommen heißen, Beziehungen festigen sowie ungünstige Bekanntschaften vermeiden.

Gebete an Raguel

Hier ein Gebet, um Raguels Energie in unser Leben zu bringen:

»Lieber Erzengel Raguel, ich danke dir, dass du mit deinem harmonischen Licht des Ausgleichs auf mein Leben leuchtest. Danke, dass du mir hilfst, diejenigen zu erkennen, die vertrauenswürdig sind. Danke, dass du alle Konflikte und Streitereien in meinem Leben beendet hast. Danke, dass du mir dabei hilfst zu unterscheiden, was richtig und was falsch ist. Danke, dass du mir ein guter Freund bist und Gottes Licht auf mich scheinen lässt. Es fühlt sich so gut an, zu wissen, dass du da bist und meinen Entwicklungsweg leitest. Und so ist es!«

Und hier ein Gebet, um Raguels Hilfe bei Konflikten zu erhalten:

Die Erzengel

»Ich danke dir, Erzengel Raguel, dass du mich [Name der Person] und diese Situation mit einem harmonischen Raum der Liebe umgibst. Ich überlasse dir die ganze Situation im Wissen, dass sie von diesem Punkt an schon bereinigt ist. Und so ist es!«

Da Raguel ja auch *Freund von Gott* heißt, ist er goldrichtig für Freundschaftsbelange – neue Freunde eingeschlossen. Meine Mutter hat mir immer gesagt, dass man nie genug Freunde haben kann, und da liegt sie absolut richtig.
Wir lernen allerdings immer dazu und entwickeln uns. Und das wiederum bedeutet, dass Freunde kommen und gehen werden. Ich fühle, dass sie immer den Grad unserer Entwicklung widerspiegeln werden. Einige werden auch für große Lebenslektionen kommen. Aber unsere herausforderndsten Freunde können auch unsere größten Lehrer sein. Wenn es schwierig für Sie ist, herauszufinden, wer *wirklich* Ihre Freunde sind, kann Ihnen Raguel helfen. Versuchen Sie dieses Gebet:

»Lieber Raguel, danke, dass du dein harmonisches Licht um mich hüllst, sodass ich mir warm und beschützt vorkomme. Ich überlasse dir meine Freundschaften und danke dir dafür, dass du mir die Seelen zeigst, denen ich trauen kann, und dass du mir hilfst, die loszulassen, die nicht mit Integrität handeln. Ich mache das alles in Liebe und weiß, dass es das Beste für die Entwicklung von uns allen ist. Und so ist es!«

Wenn Sie bereit dazu sind, neue Freundschaften zu festigen, die Ihrer Entwicklung guttun, versuchen Sie das folgende Gebet:

»Ich öffne nun mein Herz mit Liebe und Anerkennung gegenüber den neuen Seelen, die mich auf meiner Reise begleiten! Ich bin so glücklich, Freunde und Lehrer in meinem Leben willkommen zu heißen, die ständig dabei sind, sich selbst und ihre spirituelle Verbindung zu verbessern. Lieber Raguel, ich danke dir, dass du diesen ganzen Prozess leitest! Und so ist es!«

Raguel und andere Erzengel

- Raguel arbeitet mit Jeremiel, um uns zu helfen, die göttliche Harmonie hinter der Illusion der Angst zu erkennen.

- Er arbeitet auch mit Michael, um uns zu helfen, unsere Dramen aufzulösen. Außerdem unterstützt er uns bei der Trennung von Menschen, deren Worte und Taten verletzend sind.

- Er arbeitet mit Michael und Zadkiel zusammen, um juristische Belange zu klären. Und wir können ihn und Raziel bitten, uns bei einer Gesetzesfrage, die Geheimnisse beinhaltet, mit Informationen weiterzuhelfen. (Denken Sie immer daran, hinzuzufügen, dass alles zum Besten aller geschehen soll.)

Die Erzengel

Raphael

Erzengel Raphael ist ein wunderschöner und kraftvoller Engel. Sein Name übersetzt sich als *Gott heilt*. Dieses besondere Wesen führt den Engelschor an, der sich um Gesundheit und Heilung auf allen Ebenen kümmert.

Raphael ist sehr bekannt, speziell für seine smaragdgrüne Aura. Man sagt über ihn, dass er den Hermesstab trägt, die geflügelte Stange mit zwei aufgewickelten Schlangen, das Symbol des Medizinerberufs, das auf Krankenwagen und Arztkitteln zu sehen ist.

Ich sehe Raphael als einen großen, gut aussehenden Engel mit bronzefarbener Haut und dunklen Kringellocken, einen muskelgeformten Panzer mit goldenen Brustplatten tragend. Er hat breite, fast perlmuttartige Flügel und eine grüne und goldene Aura, die um ihn herumwirbelt. Er hält den Hermesstab, den ich tatsächlich eher als Stab denn als Stange sehe.

Heilung

Raphael hilft uns nicht nur zu heilen, sondern möchte auch, dass wir einen gesunden Lebensstil haben. Einige der wichtigsten Sachen, die er mir beigebracht hat, sind eine ausgewogene Ernährung, Zeit zum Entspannen und immer viel Wasser zu trinken.

Raphael kann uns beim Abnehmen, bei persönlicher Fitness und Veränderungen ungesunder Essgewohnheiten helfen. Sein Engelschor ist auch unserer Gesundheit und unserem Wohlbefinden zugeordnet. Der Engelschor, genau wie er, erwartet unsere Anrufung. Wir können ihn bitten, uns oder auch andere zu heilen. Wir können ihm danken, dass er sich um einen Angehörigen, dem es schlecht geht, kümmert oder auch um jemanden, den wir überhaupt nicht kennen.

Indem man sich ein smaragdgrünes Licht, das von Kopf bis zum Fuß über uns hinwegspült, vorstellt, können wir tatsächlich Raphaels Energie zu uns bringen. Wenn ich das mache, stelle ich mir nicht nur vor, wie das Licht über meinen Körper hinwegspült, sondern auch wie es meinen Schädel durchdringt und durch meine Venen und jedes große Innenorgan fließt. Ich sehe es als grünes, flüssiges Licht, das sich sanft durch mich hindurchbewegt, und das macht, was notwendig ist.

Während ich mein Buch schrieb, arbeitete ich mit Raphael und fühlte mich inspiriert, ihn nach einer Botschaft zum Heilen zu fragen. Hier ist, was ich bekam:

»Du liebes Wesen, ich danke dir dafür, dass du so ein großes Interesse an der Kraft und den Wundern der Heilung zeigst. Es ist sehr wichtig, dass du weißt, dass dein Geist das beste Werkzeug ist, um dich selbst zu heilen. Dein Körper ist sehr sensibel für jeden Gedanken, den du denkst, und jede Tat, die du tust. Er wird von deinen Gedanken und Taten kontrolliert, nicht anders herum. Darum kann es Menschen so schnell schlechter gehen. Sei dir bewusst, dass du deinen Körper positiv beeinflussen kannst. Auch wenn du gesund bist, behandle ihn mit Liebe und Respekt, und er wird auf deiner Reise durchs Leben gut gestärkt sein.«

Etwas, von dem ich fühle, dass es wichtig ist zu wiederholen, ist, dass es kein guter Weg ist, eine Krankheit zu bekämpfen! Denken Sie daran, dass Liebe Angst ausmerzt und Angst Liebe

Die Erzengel

ausmerzt. Und Krankheit ist ja ein Produkt der Angst, nicht wahr? Also, Sie wissen, was Sie tun müssen, richtig? Lassen Sie *Liebe rein!*

Lieben Sie Ihren Körper, schicken Sie ihm Segnungen. Wenn Sie an dem Strahl der Liebe arbeiten und Liebe an Ihren Körper senden, dann wird es anfangen, sich auf jede Zelle auszuwirken. Die Liebe wird den ganzen Körper ermutigen, seinen natürlichen Gesundheitszustand wiederzuerlangen.

Führung von Reisenden

Genau wie er Heilung bringt, kann Raphael auch gerufen werden, wenn wir auf eine Reise gehen. Mit seinem Heilungsstrahl kann er uns helfen, uns wohl und sicher zu fühlen, wenn wir unterwegs sind.

Etwas wirklich Tolles passiert, wenn wir Raphael und seine Engel einladen, mit uns zu reisen – alles scheint perfekt zu klappen. Ich rufe Raphael jedes Mal an, wenn ich einen Flug vor mir habe oder mit der Bahn reise, und ich fühle mich immer so entspannt und sicher, dass ich dafür bekannt bin, kurz vor dem Take-off einzuschlafen!

Sich mit Raphael verbinden

Raphael kann uns helfen, auf allen Ebenen zu heilen und uns von Süchten oder alten Gewohnheiten zu befreien, indem er unser Herz-Chakra öffnet, unser drittes Auge klärt, um unsere Hellsichtigkeit zu steigern und damit wir uns auf Reisen sicher fühlen.

Verzeichnis der Engel

Ein Gebet an Raphael

Hier nun ein Gebet, um Raphaels Energie in unser Leben zu bringen:

»Erzengel Raphael, göttlicher Heiler.
Ich danke dir für deine Stärke und Unterstützung.
Ich erlaube deinem heilenden Licht, durch jede Zelle
meines Körpers zu spülen. Ich erkenne an, dass Heilung
in der Gegenwart beginnt, und akzeptiere Heilung jetzt.
Es fühlt sich so gut an, wie mein Körper wieder gesund wird.
Es fühlt sich wunderbar an, zu wissen, dass ich lebendig bin,
vital und frei. Ich denke daran, dass nur Liebe real ist.
Ich fokussiere mich auf die Liebe in mir, die mir
Geistesfrieden und Glück bringt. Ich bin wieder heil,
ich bin geheilt, ich bin Liebe. Mit Dankbarkeit –
ich bin gesund! Und so ist es!«

Raphael und andere Erzengel

- Raphael und Ariel bringen den Tieren Heilung.

- Raphael arbeitet mit Chamuel zusammen, damit wir in einer Situation die Liebe erkennen können.

- Er arbeitet mit Haniel und Radziel, damit wir unsere spirituellen Gaben und hellseherischen Fähigkeiten kultivieren können.

Die Erzengel

- Er arbeitet mit Metatron, um unseren Körper zu reinigen und unsere Energie zu klären. Die beiden sind außerdem eine tolle Kombination, wenn man Reiki praktiziert.

- Er kann auch mit Raziel zusammenarbeiten, um unser Heilwissen zu erweitern.

Raziel

Raziel, der Erzengel, den ich gerne den Magier oder den alten Weisen nenne, ist der Engel, der über viele der spirituellen Gesetze herrscht, welche die Erde betreffen – besonders über das Gesetz der Manifestation (siehe Kapitel 4). Sein Name bedeutet *Geheimnisse Gottes*, da er die Mysterien der universalen Energie kennt.

Raziel erscheint mir auf unterschiedliche Art und Weise. Ich habe ihn mit gebräunter Haut gesehen, ein bisschen einem Ägypter ähnlich. Allerdings habe ich ihn auch schon als indischen Yogi gesehen. Ich glaube, dass er schon in vielen physischen Körpern auf der Erde gewandelt ist, um uns die Gesetzmäßigkeiten dieses wunderschönen Universums zu lehren.

Wenn wir uns mit Raziel verbinden, wird uns seine goldene Aura umhüllen und unsere Energie mit dem Universum auf eine Linie bringen. Er kann uns außerdem beibringen, wie wir die spirituellen Gesetze verstehen und wie wir mit ihnen arbeiten sollen, um unser Wachstum zu unterstützen. Er hilft uns, die Energie Gottes zu entdecken, die uns ständig durchströmt. Er kann unseren Geist öffnen und uns mit unserer inneren Weisheit verbinden.

Eine der wichtigsten Botschaften, die Raziel mit uns teilt:

»Wissen ist angelernt, während Weisheit von innen kommt. Während du dich mit mir und meiner Energie verbindest, werde ich dich auf eine innere Reise nehmen, auf der du die Antworten entdecken kannst, nach denen du suchst. Indem du Gott innen, in deinem Höheren Selbst, anerkennst, wirst du deine Energie zum Universum ausdehnen

Die Erzengel

und anfangen, klarer zu sehen. Deine Vision existiert bereits, es braucht nur einen Moment, wenn du die Augen öffnest und das Göttliche in dir anerkennst, das sich dann in deinem Leben zeigt.«

Wir schauen lieber im Außen nach Antworten, anstatt uns mit Gott zu verbinden, der nicht »da oben« ist, sondern »hier drinnen« – in unseren Herzen. Unser höheres Selbst ist unsere göttliche Intelligenz, die Stimme der Unterstützung und der bedingungslosen Liebe, die sich durch die Engel, den Spirit oder die Stimme der Gnade äußern kann. Raziel kann helfen, unser höheres Selbst zu erwecken.

Erweitere deine spirituellen Kenntnisse

Raziel hat die Fähigkeit, uns Dinge fühlen zu lassen, besonders wenn es um unser spirituelles Verständnis geht. So viele von uns fühlen sich allerdings eher total verwirrt, wenn es darum geht, die natürlichen spirituellen Gesetze zu verstehen – Anziehung, Manifestation und Karma. Wenn wir uns mit Raziel verbinden, wird er uns helfen, diese Informationen zu verstehen und zu verarbeiten.

Die Arbeit mit Raziel kann außerdem hilfreich sein, wenn wir ein System wie die Kabbala oder *Ein Kurs in Wundern* erlernen oder sogar vorhaben, Reiki-Meister zu werden. Er wird uns dabei helfen, unsere Energien den Lehren anzugleichen und sie für unser inneres Wachstum auch wirklich zu verstehen.

Meditation

Meditation ist so wichtig für unser Bewusstsein und unsere Entwicklung. Sich ihr mindestens zehn Minuten am Tag zu widmen, fünf Tage die Woche, wird uns helfen, uns auf die Engel und ihre Botschaften einzustimmen.

* Wenn Sie jemals den Drang bekommen sollten, etwas Neues zu lernen, mehr zu lesen, eben richtigen Wissensdurst verspüren, dann: STOPP! Meditieren Sie zuerst und laden Sie Raziel ein. Wir lernen am besten, wenn wir nach innen gehen, wenn wir tief atmen und unsere Augen schließen, wenn wir uns die Zeit nehmen, uns bewusst zu machen, wer wir wirklich sind.

Yoga

Durch körperliche Übungen wie Yoga, wo wir im Fluss mit unserem Atem und unserem Körper sind, können wir unsere spirituelle Praxis wirklich bereichern.

Das körperliche Ausrichten unserer Wirbelsäule und das Vertiefen unseres Atems erlauben unseren Gebeten, zu Gott emporzusteigen, und ermöglichen uns, auf den göttlichen Reichtum unserer Seele zu hören. Durch das viele Wissen, das in Yoga steckt, und dadurch, dass es während des Übens die Seele mit unserem physischen Körper verbindet, kann es besonders gut unsere Verbindung mit Raziel intensivieren.

Die Erzengel

Sich mit Raziel verbinden

Raziel kann uns beim Verständnis und der Arbeit mit den spirituellen Gesetzen helfen, unser spirituelles Wissen durch Meditation erweitern und unsere Seele mit unserem Körper durch Yoga verbinden.

Ein Gebet an Raziel

Hier ein Gebet, um Raziels Energie in Ihr Leben einzuladen:

*»Erzengel Raziel, du göttlicher Magier, danke,
dass du meinen Geist und mein Herz für spirituelle
Erkenntnisse öffnest. Ich fühle mich so sehr mit den
universalen Gesetzen verbunden – im Wissen und Verstehen.
So kann ich das Leben erschaffen, das ich verdiene.
Danke, dass du meine Aura mit deiner Intelligenz segnest,
sodass ich mich selbst und mein Leben besser verstehen kann.
Danke, dass du mich an meine spirituelle Funktion und
meinen Daseinszweck erinnerst. Es tut so gut, mit deinem
Wissen durchs Leben zu reisen. Und so ist es!«*

Raziel und andere Erzengel

Raziel, Haniel und Raphael helfen uns, unsere spirituellen Gaben und hellseherischen Fähigkeiten zu kultivieren.

Verzeichnis der Engel

- Raziel und Jophiel können unsere Achtsamkeit intensivieren und den Geist in der Meditation beruhigen.

- Wir können Raziel und Raguel zusammen bitten, Informationen in einer rechtlichen Sache aufzudecken, die bisher verborgen waren. (Vergessen Sie nicht, hinzuzufügen, dass alles immer zum Besten aller geschehen soll.)

- Raziel und Raphael arbeiten zusammen, um unser Heilwissen zu erweitern.

Sandalphon

Erzengel Sandalphon, der Engel der Erde, ist der Zwillingsbruder von Metatron. Genau wie er war er früher auf der Erde, in seinem Fall als der biblische Prophet Elia. Heute verbindet er uns mit dem Herzen der Mutter Erde und hilft uns, von ihr Information und Einsichten zu bekommen.

Sandalphon hat eine schöne kupferrote Aura. Er ist ein wunderschöner, blasser, fast feminin aussehender Engel, der allerdings einen muskulösen Körper hat. Man hört oft Musik, wenn er kommt. Seine Flügelspanne ist riesig, und wenn Sie nach ihm rufen, umarmt er Sie mit seinen Flügeln, damit Sie sich sicher fühlen.

Sandalphons Name kann verschiedene Dinge bedeuten. Er ist nahe verwandt mit dem griechischen Wort *synadelfos,* das *Kollege* bedeutet, aber viele meinen auch, dass es *Kobruder* heißt, weil *adelphos* auf Griechisch *Bruder* bedeutet. Die Bruderverbindung könnte wirklich stimmen, wo doch er und Metatron Zwillinge sind.

Der Meister des Lieds

Sandalphon ist der Meister des Lieds und liebt Musik. Wenn wir Musik hören, erhebt das unseren Geist und unser Bewusstsein in den Himmel. Und nicht nur das, es beeinträchtigt auch unser Herz und unsere Blutzirkulation und kann einen therapeutischen Effekt auf unseren Körper haben. Wenn Sie ein aufstrebender Musiker sind oder Ihre Talente als Sänger oder Instrumentalist zeigen wollen, wird Sandalphon Sie dabei unterstützen.

Der Engel, der unsere Gebete
in den Himmel bringt

Während Moses' Besuch im dritten Himmel wird von ihm gesagt, dass er Sandalphon sah und von ihm als *großen Engel* berichtete, obwohl dieser Gedanke zurück bis vor die Tora geht. Im babylonischen Talmud reicht Sandalphons Kopf bis zum Himmel. So wie ich es interpretiere, stehen Sandalphons Füße auf der Erde und sein Kopf ist im Himmel. Er überbringt dem Schöpfer unsere Gebete.

Ich habe außerdem gelesen, dass Sandalphon in der Liturgie für das jüdische Fest des Tabernakels als Sammler der Gebete der Gläubigen gewürdigt wird und dafür, dass er daraus eine Girlande anfertigt, um sie dann dem *König der Könige* – Gott – zu präsentieren.

Bis zum heutigen Tag trägt Sandalphon unsere Gebete wie ein göttlicher Briefträger, um sicherzustellen, dass Gott unsere spezielle Lieferung erhält. Durch Synchronizität kann er uns auch Antworten, nach denen wir suchen, geben. Wenn Sie Probleme haben, Antworten auf Ihre Gebete zu bekommen, ist er Ihr Mann!

Einen verlorenen Gegenstand finden

Sandalphon arbeitet mit dem Kupferstrahl, der Energie, die uns befähigt, uns mit Mutter Erde oder, wie ich sie nenne, Gaia, zu verbinden. Es ist ein spirituelles Licht, das wir visualisieren können, um Energien und Intelligenz unseres Planeten anzuzapfen. Tun wir das, kann uns Gaia auf unserem Weg leiten und uns Rat geben, wie wir der Menschheit helfen können.

Die Erzengel

Wenn wir das kupferne Licht zwischen unseren Füßen visualisieren, können wir beobachten, wie es sich auf Teile der Welt ausweitet, die extra Energie, Liebe, Mitgefühl und Heilung benötigen. Es ist eine unendliche Energie, aber nach dem Gesetz des freien Willens müssen wir auch ihr die Erlaubnis geben, hinauszugehen und zu heilen.

Da Kupfer ein Metall ist, hat Sandalphon enge Verbindungen zum Planeten und kann uns deshalb auch beim Finden von materiellen Dingen helfen. Sie können ihn durch ein Gebet rufen und ihm danken, dass er Sie zu dem geführt hat, was Sie gesucht haben.

Ich erinnere mich, dass meine Mutter einen wunderschönen Rosenquarz hatte, der irgendwo versteckt lag und nicht benutzt wurde. Es handelte sich um ein rechteckiges Stück, das auf einer Seite poliert war und die Größe meiner Engelskarten hatte. Ich hatte sie wochenlang danach gefragt, da ich ihn für meine Arbeit benutzen wollte, aber sie hielt mich immer hin, indem sie sagte, sie wisse nicht, wo er sei. Eines Nachts fragte ich wieder: »Mum, hast du schon den Rosenquarz gefunden?«

»Ach, du meine Güte, ich guck jetzt nach, hörst du dann endlich auf damit?«

Ich fing an, über ihr Divaverhalten zu lachen, aber nicht zu sehr, weil ich wirklich diesen Rosenquarz haben wollte. Mum sagte laut: »Danke, Sandalphon, dass du mir zeigst, wo der Rosenquarz ist!«

Aus dem Nichts heraus hatte sie eine Vision, dass ihr Rosenquarz in ihrem Kleiderschrank in einer Schachtel unter einem Haufen Bücher lag.

»Ich weiß, wo er ist!«, rief sie und rannte in ihr Zimmer, wo sie tatsächlich dieses große Quarzstück fand.

Meine Mutter beruft sich darauf, kein Medium zu sein, und will es auch nicht sein. Sie sagt, dass sie den Rosenquarz ganz einfach in einem Tagestraum gesehen hat.

Sandalphon anzurufen kann helfen, um einen verloren gegangenen Gegenstand durch natürliche Intuition zu finden. Aber wie auch immer Sie das machen, rufen Sie ihn an und achten Sie dann auf erstaunliche Ergebnisse.

Das Erdenstern-Chakra

Das Erdenstern-Chakra ist ein Anker für die Welt in Form eines großen kristallenen Sterns, etwa 30 Zentimeter unterhalb Ihrer Füße. Wenn wir uns mit dieser Energie verbinden, erden wir uns und kommen schnurstracks zurück auf die Erde, behalten aber unsere Verbindung zum Himmel.

Dieses wunderbare Chakra kann uns helfen, dem Planeten Heilung zu senden, uns mit ihm zu verbinden, um Weisheit zu erlangen und um mit Freude und unserer Bestimmung verbunden durchs Leben zu gehen. Der beste Weg, um uns mit ihm zu verbinden, ist durch Visualisierung und Affirmation.

Obwohl es nur 30 Zentimeter unter unseren Füßen ist, damit es uns hilft, mit der Erde verbunden zu sein, finde ich immer wieder auch Menschen, die es sich im Zentrum der Erde vorstellen.

Die Erzengel

Visualisierung, um sich mit dem Erdenstern zu verbinden

- Stellen Sie sich vor, Ihren Füßen entwachsen die wunderschönsten Gold- und Kupferwurzeln bis ins Zentrum der Erde.

- Wenn diese das Zentrum erreicht haben, finden Sie dort einen großen Kristallstern, um den Sie sich herumwickeln. Wickeln Sie sich so fest um ihn herum, dass Sie sich richtig fest mit dem Zentrum der Erde verankert fühlen.

- Nehmen Sie dann mehrere tiefe Atemzüge und seien Sie offen für alles, was Ihnen gezeigt oder gesagt wird, da wir so viel Einsichten von Sandalphon bekommen können und natürlich von der Erde selbst.

Affirmation ist ein weiterer guter Weg, um sich mit dem Erdenstern zu verbinden:

»Ich bin geerdet und zentriert. Ich verwurzele mich selbst in der Erde. Ich bin die Erde, und die Erde ist ich. Ich richte mich auf meinen Erdenstern aus. Wir sind eins.«

Hier ist eine Botschaft von Sandalphon:

»Arbeite mit mir und meinem Licht, um dich mit der un-
endlichen Weisheit unserer großen Mutter zu verbinden.
Verwurzle deine Füße fest mit der Erde und lade dir ihre
außerordentliche Intelligenz runter, die dir jetzt offenbart
wird. Wenn du dich durch deinen Geist gleichzeitig mit
dem Himmel und der Erde verbindest, löst du dich auf in
einem beschützten Kokon aus Liebe, der frei von beiden
Seiten dieser Dimensionen fließt. Es ist Zeit, sich mit der
Erde zu verbinden, damit du den Weg vorwärts von hier
aus weißt!«

Sich mit Sandalphon verbinden

Sandalphon kann uns helfen, durch Musik unsere Kreativität
zu channeln, verlorene Gegenstände zu finden und uns mit der
Erde zu verbinden, um gestützt und geerdet zu sein. Er kann
unsere Gebete zum Himmel schicken (denken Sie an ihn als
einen himmlischen Briefträger!) und helfen, Zeichen und Synchronizitäten wahrzunehmen und zu verstehen.

Ein Gebet an Sandalphon

*»Erzengel Sandalphon, Engel der Erde, ich heiße
dein kupferfarbenes Licht in meinem Leben willkommen.
Ich danke dir dafür, dass du mir hilfst, die Zeichen der*

Die Erzengel

*Abwesenheit des Himmels zu verstehen, und dass du meine Gebete dem Himmel überbringst. Ich erlaube mir, mit dir und der Intelligenz der Erde verbunden zu sein. Lieber Sandalphon, erinnere mich daran, wie ich dienen, strahlen und mich den planetarischen Veränderungen anpassen kann. Ich übergebe mich deiner Kraft.
Und so ist es!«*

Sandalphon und andere Erzengel

- Sandalphon und Chamuel können zusammen arbeiten, damit wir intuitiv unseren Seelengefährten auf Erden finden.

- Sandalphon arbeitet mit Metatron, um sicherzustellen, dass wir spirituell verbunden sind, ohne unsere menschliche Erdung zu verlieren.

- Er arbeitet auch mit Metatron und Orion, um uns zu helfen, uns an die spirituellen Veränderungen, die auf dem Planeten derzeit passieren, anzupassen.

- Sandalphon und Uriel sind ein großartiges Team, um uns zu helfen, Antworten auf unsere Gebete zu bekommen und Probleme zu lösen.

Uriel

Uriel ist einer der vier Haupterzengel, die in abrahamitischen Texten erwähnt werden. Sein Name kommt aus dem Hebräischen und heißt *Gottes Licht*. Und ich nenne ihn *Engel des Lichts*. Er ist ein kraftvoller Engel mit sonniger Natur, der jede Dunkelheit aufhellt. Wenn ich mich mit ihm verbinde, erinnert er mich an die Sonne – immer glühend, hell und warm.

Meine hellseherische Sicht zeigt mir Uriel als großen, gut aussehenden Engel mit Porzellanteint und heller gelber und goldener Aura. Seine Augen sind tiefblau wie der Nachthimmel, sein Körper ist mit goldenem Marmor bedeckt, und er trägt eine Lichtfackel. Uriel kann uns auf viele Arten helfen. Er bringt uns Inspiration und kreative Gedanken. Er ist vor allem darin brillant, uns Antworten auf Fragen empfangen zu lassen und für alle Arten von Problemlösungen. Immer wenn wir unsicher bei Entscheidungen sind, können wir Uriel bitten, uns zu helfen. Er trifft die richtige Wahl.

Ich habe herausgefunden, dass Uriel absolut großartig für Selbstständige und Freiberufler ist oder Leute, die daran denken, ihr eigenes Geschäft aufzuziehen. Das liegt daran, dass er uns hilft, schneller zu denken und zu wissen, was zu tun ist und in welche Richtung wir gehen müssen. Wenn Sie kreativ sind und Inspiration benötigen, kann Ihnen Uriel helfen, Ihr Talent freizuschalten und auf das nächste Level zu kommen. Er wird Ihre einmaligen Fähigkeiten stärken, Sie dazu bringen, zu wachsen und Ihrem Geschäft zu Anerkennung zu verhelfen.

Ich denke immer, dass Uriels Energie ist, als ob man einen Tag draußen verbringt – mit frischer Luft, klarem blauem Himmel und warmem Sonnenschein. Nach solchen Tagen fühlen wir uns heiter und glücklich. Uriel bringt uns Lebensfreude,

Die Erzengel

das Licht des Himmels und göttliche Inspiration. Hier ist eine Botschaft von ihm:

»Ich bin das Licht Gottes, das durch Herz und Geist scheint. Ruf mich, um den Weg vor dir zu beleuchten, damit du klar sehen kannst, wie du deine Chancen nutzen und Harmonie im Leben finden kannst. Indem du mir und den Engeln des Lichts vertraust, wirst du eine große Hilfe für die Menschheit sein. Erinnere dich daran, dass man nicht nur anderen helfen wird, wenn man ein Wesen des Dienens und von Gottes strahlendem Licht ist, sondern auch die eigene göttliche Verbindung verbessert.«

Die Engel des Lichts

Uriel hat ein Team aus Engeln, die ich die *Engel des Licht*s nenne. Sie sind für die Seelen der Erde bestimmt. An sie kann appelliert werden, wenn es eine Art Katastrophe oder tragische Umstände gibt, die der Wahrheit und des Lichts bedürfen. Wenn Sie sich so einer Situation bewusst sind, die große Heilung und Licht benötigt, appellieren Sie an Uriel und die *Engel des Lichts*, damit alle Beteiligten beschienen werden. Sie werden für alles da sein, von Tsunami über Erdbeben, Fluten, Terroranschläge bis hin zu tragischen Unfällen. Hier ist ein Gebet, um an Uriel und die Engel des Lichts zu appellieren:

*»Erzengel Uriel und Engel des Lichts,
ich danke euch so sehr, dass ihr euer Licht
über (die Situation) und alle Beteiligten werft.*

Erinnert sie an eure Gegenwart und erhellt sie,
sodass sie Trost und Frieden finden können.
Danke, dass ihr so viele wie nur möglich so liebevoll
in Sicherheit und Frieden leitet. Und so ist es!«

Gesundheit der Männer

Uriel ist eng mit dem männlichen Aspekt der Gesundheit und des Wohlergehens verbunden – alles von Prostataproblemen bis hin zur Fruchtbarkeit. Da er mit der Energie der Sonne arbeitet, die in vielen Traditionen das Symbol Gottes und den männlichen Aspekt des Universums darstellt, ist er fähig, Lebenskraft wiederherzustellen, Energie und natürlich auch dringend benötigtes Stehvermögen. Ich empfehle immer ein Gebet an Uriel, um die Libido und die Fähigkeit, Leben zu erschaffen, etwas anzukurbeln.

Die Engel sind sich dessen bewusst, dass sexuelle Gesundheit und Wohlbefinden von großer Wichtigkeit sind, da gibt es also keinen Grund für Schamgefühle. Wenn Sie jemanden kennen, der damit Probleme hat, konsultieren Sie Uriel für Erleuchtung und Balance.

Sich mit Uriel verbinden

Uriel kann bei der Gründung eines neuen Unternehmens helfen, dabei, kreativer zu sein, allgemein bei Problemlösungen und Männergesundheitsfragen wie Potenzstörungen.

Die Erzengel

Ein Gebet an Uriel

Hier ein Gebet, um Uriels Energie in unser Leben einzuladen:

*»Erzengel Uriel, du Licht Gottes, ich bin offen
für deine Führung und Unterstützung. Ich danke dir,
dass du mich befähigst, mein inneres Licht und meine
Kreativität zu erkennen, und den Weg vor mir beleuchtest.
Ich öffne meine spirituellen Augen und erlaube
meinem Höheren Selbst, mich vorwärts zu tragen, indem
ich deinem Antrieb folge. Ich erlaube mir selbst zu
strahlen im Wissen, dass ich nur das Beste verdient habe.
Ich danke dir, Uriel, dass du mich an deine Gegenwart
erinnerst und mir hilfst zu erkennen, dass ich Talente habe,
die ich mit diesem Planeten teilen kann. Und so ist es!«*

Uriel und andere Erzengel

- Uriel arbeitet mit Chamuel an Dingen, welche die Karriere betreffen.

- Uriel und Sandalphon sind ein großartiges Team, um Antworten auf unsere Gebete zu bekommen und Probleme zu lösen.

Zadkiel

Zadkiel ist ein kraftvoller Erzengel, dessen Name übersetzt *Rechtschaffenheit Gottes* bedeutet. Er ist einer der Gerechtigkeits-engel zusammen mit Michael und Raguel.

Zadkiel hat eine wunderschöne tiefviolette Aura mit sehr reiner, purer Energie. Wenn ich ihn hellseherisch erblicke, er-innert er mich an A. C. Slater alias Mario Lopez aus der Teen-ager-Sitcom *California High School* – eben wie ein rassiger Latino mit goldener Haut und sehr muskulös.

Ich habe ihm den Spitznamen *Friedenswächter* verpasst, da er zu uns kommt, um uns dabei zu helfen, zu vergeben und Mitgefühl für diejenigen zu haben, die Herausforderungen in unser Leben gebracht haben. Er ist fast wie die innere Stimme der Gnade – er will, dass wir uns alle gegenseitig lieben, und ist dafür bestimmt, uns zu helfen, Dinge richtigzustellen, die falsch sind.

Er ermutigt uns, Mitgefühl für uns und andere zu haben. Er ist ein Engel der Balance, der uns helfen kann, barmherzig zu werden und tiefen, inneren Frieden zu finden.

Wächter der violetten Flamme

Zadkiel ist der Wächter der violetten Flamme, einer spiritu-ellen Energie, die uns hilft, all das loszulassen, was uns in der Vergangenheit festhält. Wir können alles aus Beziehungen, traumatischen Erfahrungen und sogar Verstrickungen aus frü-heren Leben in die violette Flamme tun im Wissen, dass sie Schmerz in Liebe verwandeln wird. Das wird einen großen positiven Effekt auf unser Leben und unsere Energie haben.

Das Erstaunlichste bei der violetten Flamme ist, dass sie, obwohl sie alles Negative und Traumatische auflöst, nichts beeinträchtigt, was schon gut ist, zum Beispiel wenn Sie und Ihr Partner Beziehungsprobleme haben. Es gibt einige großartige Aspekte in Ihrer Partnerschaft, aber beispielsweise steht ein finanzielles Problem zwischen Ihnen. Wenn Sie Zadkiel und der violetten Flamme Ihre Beziehung zeigen, dann werden Sie energiemäßig von den Bürden und Ängsten erlöst werden, Streitereien wandeln sich in Mitgefühl um, und es wird wieder Raum geschaffen, wo Ihre Liebe wachsen kann.

Wenn Sie sich mit dieser violetten Flamme verbinden, kommen Ihnen manchmal Dinge in den Kopf, die Sie am allerwenigsten erwartet haben – halb vergessene Situationen aus Ihrer Kindheit oder Erinnerungen, die noch nicht einmal aus Ihrem jetzigen Leben herrühren. Geben Sie sich diesem Prozess hin und vertrauen Sie, dass Zadkiel alles auflösen wird, was Sie nicht in diesem Leben brauchen.

Sie können sich mit der violetten Flamme durch Visualisierung oder Affirmation verbinden.

Visualisierung, um sich mit der violetten Flamme zu verbinden

- Stellen Sie sich vor, Sie gehen im Himmel in einen Raum mit einer großen Feuerstelle in der Mitte. Helle ultraviolette Flammen brennen im Herzen des Feuers.

- Wie Sie so vor den Flammen stehen, denken Sie an irgendwelche Situationen, die Sie bereit sind loszulassen, oder bitten Sie darum, dass Ihnen gezeigt wird, was Sie loslassen müssen.

- Wandeln Sie diese Situationen in Wollbündel, die Sie in die ultravioletten Flammen werfen.

- Sehen Sie zu, wie sie komplett von der Energie der Flammen erfasst werden, und sagen Sie:

  »Ich gebe diese Belange ab an die violette Flamme in der Gegenwart des Erzengels Zadkiel!«

Es geschieht etwas sehr Machtvolles, wenn man »Ich bin« sagt und dann eine Form von Energie nennt. Wenn wir affirmieren, dass wir die violette Flamme sind, bringen wir sie in uns hinein und erlauben ihr, durch unseren Körper zu arbeiten. Das befähigt uns, all das, was wir nicht mehr brauchen, loszulösen. Es wird auf alles abzielen – von früheren Leben bis hin zu Kindheitserinnerungen und gegenwärtigen Problemen, ohne dass wir uns dessen voll bewusst sein müssen. Versuchen Sie dies:

»Ich bin die violette Flamme der Reinigung.
Ich löse alle Ängste von meinem Wesen, verwandle
und transformiere sie. Mitgefühl erfüllt mich, ich werde in
Barmherzigkeit gebadet und bin jetzt frei! Und so ist es!«

Die Erzengel

Hier ist eine Botschaft von Zadkiel:

»Mit mir zu arbeiten zeigt deinen Willen, alles loszulassen, was du nicht mehr brauchst – all das Karma und die alten Gewohnheiten, die sich über deine verschiedenen Leben angehäuft haben und nicht mehr länger deiner Energie oder Bestimmung dienen. Erwecke meine Präsenz und meine violette Flamme, um dieses Karma umzuwandeln und alte Gewohnheiten in neue, positive Wege, die folgen werden, zu transformieren. Die spirituelle Kraft, die du suchst, ist unter diesen Schichten von unnötiger Angst verborgen – es ist Zeit loszulassen!«

Engel der Gerechtigkeit

Zadkiel arbeitet mit Michael, Raguel und einer Gruppe weiterer Engel, um Gerechtigkeit und Mitgefühl in eine Situation zu bringen, in der dies notwendig ist. Wann immer ich Zadkiel und Raguel zusammen bei einem Reading auftauchen sehe, weiß ich, dass es um eine juristische Sache gehen wird.

So viele Menschen machen sich Sorgen über solche Situationen und wollen natürlich, dass sie zu ihren Gunsten ausgehen. Doch Zadkiel und die Engel der Gerechtigkeit werden immer im Sinne der Balance arbeiten und zum Besten aller Beteiligten.

Karma

Wenn Sie in eine Gesetzesangelegenheit involviert sind und diese Situation selbst geschaffen haben, denken Sie daran, dass alles, was Sie schaffen, eine Welle erzeugt und auf Sie zurückfällt. Karma ist das Gesetz von Ursache und Wirkung.

Jeder einzelne Gedanke, den Sie haben, und jede Aktion, die Sie unternehmen, wird eine Art Effekt auf Sie und Ihr Leben haben. Wenn Sie eine gute Tat vollbringen, wird es auf Sie zurückkommen – und es ist das Gleiche mit Dingen, die nicht so positiv sind.

Eines der wichtigsten Dinge beim Karma ist, dass Sie es nicht lenken *können*. So oft habe ich Leute sagen hören: »Ich hoffe, du wirst dafür schlechtes Karma kriegen!« Es ist wirklich wichtig zu wissen, dass Sie nicht der Herr des Karmas sind und nicht selbst wählen können, wie es arbeiten wird.

Ich ermutige die Menschen immer, anderer Leute Aktivitäten denen zu überlassen und sich auf die eigene Reise zu konzentrieren.

Barmherzigkeit

Jemandem schlechtes Karma oder Bestrafung zu wünschen ist nicht barmherzig, und Engel ermutigen uns immer, Mitgefühl für andere zu haben oder wenigstens für uns selbst. Wenn wir negative Gedanken über jemanden denken, attackieren wir uns selbst, weil wir alle miteinander verbunden sind – wir sind Gottes Kinder.

Wenn wir sagen, jemand hat uns behindert oder unser Glück ruiniert, geben wir ihm diese Macht. Es ist exakt das Gleiche, wenn wir jemandem grollen und ihm in unserem Herzen nicht vergeben können. Denken Sie daran, wir haben viele Chancen im Leben und wir allein entscheiden, wann wir etwas loslassen und wann wir an etwas festhalten.

Die Erzengel

Viele Menschen sagen, dass sie nicht vergeben können, weil das ihrer Meinung nach beduten würde, dass sie die betreffende negative Situation stillschweigend dulden. Aber Engel wollen uns daran erinnern, dass es nur zwei Zustände des Seins gibt: *Liebe* und *Angst*. Wenn wir jemanden anderen verletzen, leben wir in Angst. Wenn wir nicht vergeben können, leben wir auch in Angst. Wir überwinden die Situation nicht.

Wenn wir uns auf Liebe einstimmen und das täglich in welcher Form auch immer praktizieren, überwinden wir die Situation. Wenn wir der Person, die uns verletzt hat, Liebe senden, ist das sogar noch besser. Denn wenn Sie dieses Wunder der Liebe entdecken, können Sie niemanden mehr verletzen.

Maria – die Heilige Mutter

Maria, die Heilige Mutter von Jesus, ist die *Königin der Engel*. Sie erhielt diesen Titel, da sie selbst im Himmel noch immer unserem wunderschönen Planeten half. Außerdem hat sie eine sehr starke Verbindung zu den Engeln, besonders zu Erzengel Michael, da sie beide mit dem blauen Strahl des Schutzes und der Stärke verbunden sind. Obwohl Maria sehr eng mit dem Christentum verbunden ist, besonders mit der katholischen Kirche, ist es sehr wichtig zu erwähnen, dass ihre Energie überkonfessionell ist. Sie hat ein spezielles Bündnis mit Müttern und Kindern, kann aber prinzipiell von jedem angerufen werden. Ich habe das Gefühl, da sie so viele Leute anerkennen und um Hilfe anrufen, ihr danken und Kerzen für sie anzünden, dass ihre Energie fast ebenso machtvoll ist wie die der Engel. Sie hat ganz sicher eines der reinsten Herzen, die ich jemals erfahren durfte. Jedes Mal wenn ich mich mit ihrer Energie verbinde oder sie während einer Sitzung sehe, werde ich sehr emotional, ihre Energie ist bedingungslose Liebe, und ihr Wunsch für die Menschheit ist es, dass wir Frieden finden.

Seien Sie unbesorgt, wenn Sie Maria bisher noch nicht so viel Aufmerksamkeit geschenkt haben. Sie wird es Ihnen nicht übel nehmen. Maria wird Ihnen sehr gerne ihre Hilfe schenken – von nun an für immer.

Ich werde niemals einige der Erfahrungen vergessen, die ich hatte, als ich mich mit der Himmlischen Mutter verband und ihre Gegenwart spürte. Einmal passierte das, kurz nachdem ich von den Engeln erfahren hatte – ich war ungefähr 15 Jahre alt. Zu dieser Zeit gab ich kostenlose Onlinereadings. Jede Woche meditierte ich mit meinen Engelskarten in der Hand und

Die Erzengel

wählte einige davon als Wochenbotschaft aus. An diesem bestimmten Tag war meine Mutter auf Arbeit, als ich gerade wieder dabei war. Ich lud die Engel ein und fragte: »Ist da sonst noch jemand, der mir helfen und mir Führung geben möchte, die ich mit anderen teilen kann?«

Und als ich so mit geschlossenen Augen dasaß und mich auf meinen Atem konzentrierte und mir dabei ein goldenes, umherwirbelndes Licht vorstellte, imaginierte ich mir noch eine Rose im Zentrum meines Herzens, die repräsentierte, wie sich mein Herz der Liebe öffnete. Für einige Zeit saß ich in diesem mächtigen Licht und wusste, dass ich mit Gott und den Engeln verbunden bin. Dann – quasi aus dem Nichts – fühlte ich eine Präsenz hinter mir. Ich wusste instinktiv, dass sie weiblich war. Die Energie war so gefühlvoll und liebevoll, dass sich alle meine Haare aufrichteten.

Dann gab mir eine Stimme die folgende Botschaft: »Sag ihnen, sag Müttern und Kindern, dass ich hier bin, um sie zu beschützen. Ermutige sie, in meine Liebe und mein Vertrauen zu vertrauen. Ich werde die Bedürftigen von Gefahren wegführen und ihnen helfen, sich sicher zu fühlen.«

Zuerst war ich zu sehr damit beschäftigt, mir die Botschaft zu merken, sodass ich gar nicht darüber nachdachte, wer sie mir mitgeteilt hatte, aber dann sah ich in meinem Kopf ein Bild der Heiligen Mutter. Sie war in blaue Gewänder gekleidet, genauso wie sie auch auf traditionell katholischen Gemälden dargestellt wird, und um sie herum war eine goldene Aura. Ich konnte kaum ihre Hautfarbe erkennen oder irgendwelche anderen Details, weil ihr Licht so stark leuchtete. Aber ich wusste, ich muss ihre Botschaft weitergeben! Das war alles schön und gut, aber wie sollte ich das tun? Ich war erst 15 Jahre, fast noch ein Kind – niemand würde auf mich hören, oder?

Erst einmal entschloss ich mich, meinen Eltern von meiner Erfahrung zu erzählen. Meine Mutter wollte mich schützen und riet mir daher, es für mich zu behalten, aber ich spürte, dass ich es weitergeben musste. Zu dieser Zeit war mein Vater mit einer Dame befreundet, die Katholikin war, also fragte er sie um Rat. Sie sagte ihm, wenn ich zu einer örtlichen Kapelle ginge, würde man meine Botschaft aufnehmen und teilen.

Angeblich gab es ein Verzeichnis der Erscheinungen von *Unserer Lady*, wie sie sie nannte. Mein Vater holte mich bei meiner Mutter ab und brachte mich zu einer örtlichen Kapelle. Der Priester bat uns herein und begann mich zu fragen, wie mir Mutter Maria begegnet war. Hatte ich sie eingeladen? Er schrieb die Botschaft auf, aber am Ende sagte er, ich hätte wahrscheinlich nur geträumt.

Das machte mich in diesem Moment sehr betrübt – er respektierte die Botschaft nicht. Vielleicht war es etwas, das er schon wusste, aber die Heilige Mutter hatte darauf gedrängt, dass man sie viel öfter einbeziehen sollte.

In den Jahren danach habe ich die Botschaft so vielen Leuten wie möglich mitgeteilt, und ich hatte niemals das Gefühl, es sei zu spät, das zu tun. Ich fühle, dass die Leute immer mehr von der Unterstützung, die die Engel und der Himmel uns bieten, wissen müssen. Jetzt habe ich eine Plattform, diese Botschaft zu verbreiten. Bitte helfen auch Sie, sie zu verbreiten.

Häuslicher Missbrauch

Jedes Mal, wenn ich einen Fall habe, in dem eine Frau von ihrem Mann, Partner oder sogar von ihrem Kind schlecht behandelt wird, bringe ich Mutter Maria ins Spiel. Wenn sie den

Die Erzengel

Raum erfüllt, verändert sich alles. Sie gießt ihre göttliche Liebe und ihren Schutz wie ein Lebenselixier aus. Maria beschützt diejenigen, die häuslichem Missbrauch entrinnen müssen, und arbeitet unermüdlich, um sie in Sicherheit zu bringen.

Wenn Sie so etwas Ähnliches durchgemacht haben oder jemanden kennen, dem es so geht, rufen Sie die Heilige Mutter um Hilfe an. Sie arbeitet mit Erzengel Michael, um zusätzlichen Schutz in die Situation zu bringen, und sie wird Ihnen helfen, die Bänder der Furcht zu zerschneiden, die Sie zurückhalten, die Veränderung zu bewirken, die Sie brauchen.

Hier ist eine Botschaft der Engel für alle, die mit häuslichem Missbrauch zu tun haben:

»**Du hast immer eine Stimme und du sollst dich heute gestärkt fühlen. Es ist Zeit vergangen, und du hast dich furchtlos weiterbewegt. Wenn du mit uns und der Heiligen Mutter arbeitest, bringen wir dich in Sicherheit. Du wirst mit allem, was du brauchst, versorgt werden, wenn du uns vertraust und den Sprung wagst. Nur du selbst kannst das tun, aber wir können dir helfen – du bist nicht allein!**«

Die Kinder beschützen

Mutter Maria kommt auch zu Kindern, besonders wenn sie Schutz vor Missbrauch oder Gefahr brauchen. Sie pflegt Kinder, die schwer gelitten haben, und will, dass sie geliebt werden, so wie sie es verdienen. Wann immer ich ein Kind sehe, das wirklich eine Portion Liebe gebrauchen könnte, danke ich Maria, dass sie zu ihm geht, ihm Liebe gibt und ihm hilft, Frieden zu finden.

Hier ein Gebet, um Maria zu einem Kind zu schicken:

*»Maria, Göttliche Mutter, danke, dass du dein Licht
und deine Energie um [Name des Kindes] hüllst und ihn/sie
sanft in Sicherheit bringst. Er/sie ist behütet und geliebt
in deiner Energie, und ich bin so dankbar, dass du
für ihn/sie da bist! Sei gesegnet!«*

Rosen

Mutter Maria hat eine starke Verbindung zu Rosen. Wann immer ich sie rieche, denke ich an Maria und weiß, dass sie nah ist. Die Rose wird mit dem Herzen assoziiert. Sie repräsentiert die Öffnung zur göttlichen und bedingungslosen Liebe – alles, wofür Maria steht. Indem Sie mit Rosen arbeiten, stärken Sie Ihre Verbindung zu ihr. Ich habe eine eigene Kerzenkollektion, und als ich die Kerze »Mutter Maria« schuf, wusste ich, dass sie mit ätherischem Rosenöl sein müsste. Sie brennt gerade, während ich an diesem Buch schreibe.

Kerzen für den Frieden anzünden

Es ist etwas sehr Machtvolles, wenn man Kerzen anzündet, während man betet. Ich sehe dann immer einen regelrechten Energieschub, eine Weihung. Eine Kerze ist etwas Physisches, das brennen kann und die Länge unseres Gebetes ausdehnt. Wenn Sie einen Drang verspüren, Kerzen in Ihrem Zuhause anzuzünden oder sogar in der Kirche, warum sagen Sie dann nicht auch gleich dieses Gebet als Unterstützung dazu?

*»Mit dem Anzünden dieser Kerze bringe ich
ein Licht in die Welt. Ich erschaffe Frieden in mir und
erlaube, dass er sich an diesem Ort ausbreitet.
Danke, Heilige Mutter Maria, dass du dein Licht
des Mitgefühls, des Friedens und der Liebe zu allen sendest,
die es brauchen. Ich bin so dankbar, dass du das Licht bist,
das ihnen Frieden bringt, und gebe alles an dich ab,
weil ich weiß, dass dein Licht uns führt. Und so ist es!«*

Verbindung mit der Göttlichen Mutter Maria

Maria kann uns helfen, unser Herz der Liebe zu öffnen, einem Kind Liebe und Fürsorge zu schicken, und uns Schutz bieten vor häuslicher Gewalt.

Gebete an Maria

Hier ein Gebet, um Marias Energie in Ihr Leben einzuladen:

*»Göttliche Mutter Maria, Königin der Engel,
danke, dass du meinem Leben deinen Segen verleihst.
Ich öffne mein Herz deinem fürsorglichen Licht
und deiner Energie.*

Danke, dass du mir liebevoll den Weg zeigst,
sodass ich der Menschheit dienen kann, wie du es tust.
Ich fühle mich vollkommen, stark und ausgeglichen,
voll von innerem Frieden. Ich weiß, dass du und
deine Engel bei mir seid. Und so ist es!«

Als ich eine Sammlung von Gebeten zur Mutter Maria durch-
sah, fand ich dieses traditionelle katholische Gebet:

»Wir bitten dich um Schutz, Heilige Mutter Gottes. Höre
unsere Gebete und hilf uns in unserer Bedürftigkeit. Bewahre
uns vor jeder Gefahr, herrliche und gesegnete Jungfrau.«

Ich dachte, das ist ein schönes Gebet, aber es sucht immer
noch nach Hilfe in der Zukunft, und wir wissen, es gibt nichts
Mächtigeres als den *gegenwärtigen Moment*, also habe ich es als
Engelsgebet umformuliert:

»Göttliche Heilige Mutter Maria, danke, dass du
meine Gebete erhörst und uns in unserer Bedürftigkeit hilfst.
Ich bin so dankbar für deinen Schutz und deinen Trost
zu dieser Zeit und ich fühle mich so gesegnet im Wissen,
dass dein glorreiches Licht bei mir ist. Und so ist es!«

Die Erzengel

Die Heilige Mutter Maria und die Erzengel

- Maria arbeitet bei allen Fragen rund um Kinder, inneres Kind und Empfängnisprobleme zusammen mit Gabriel.

- Sie arbeitet mit Michael zusammen, um zu beschützen.

Engelaffirmationen

Wie bereits erwähnt, bringen wir, wenn wir »Ich bin« sagen und dann ein Wort folgen lassen, die Energie, die mit diesem Wort verbunden ist, zu uns. Das kann wirklich nützlich sein, wenn es darum geht, Engel anzurufen. Indem man »Ich bin« und dann den *Engelsnamen* sagt, bringen wir ihre ganze Essenz zu uns.

Außerdem können wir einen Erzengelnamen und seine Energie in eine Affirmation miteinbeziehen, um die Hilfe der Engel nochmals zu verstärken.

Hier einige Affirmationen zum Ausprobieren:

- »*Ich bin Ariel*« bringt uns Stärke und Mut und verbindet uns mit Tieren.

- »*Ich bin Azrael*« schafft ein unterstützendes, tröstendes Licht um uns, während wir durch dramatische Veränderungen und Zeiten des Übergangs gehen.

- »*Ich bin Chamuel*« hilft uns, Liebe zu sehen.

- »*Ich bin Gabriel*« unterstützt uns, die Wahrheit mit Integrität zu sagen.

- »*Ich bin Haniel*« erlaubt uns, unsere Talente mit Würde anzuerkennen.

Die Erzengel

- »*Ich bin Jeremiel*« ermutigt uns, in die Wunder-Denkweise zu treten, indem wir unser Leben mehr schätzen und alles, was geheilt werden muss, beheben.

- »*Ich bin Jophiel*« erhebt unsere Energie an einen Ort, an dem wir unsere eigene Schönheit sehen können und die der Welt um uns herum.

- »*Ich bin Metatron*« erhöht unsere Schwingung, sodass wir des Himmels Führung klar hören können.

- »*Ich bin Michael*« baut den Schutz des Erzengels Michael in unserer Aura auf.

- »*Ich bin Orion*« hilft, uns mit dem Kosmos für Einsicht und Klarheit zu verbinden.

- »*Ich bin Raguel*« hilft uns, eine harmonische und freundliche Energie zu entwickeln, um jeden Konflikt um uns herum zu heilen.

- »*Ich bin Raphael*« bringt uns Heilungsstrahlen von Gott in unsere Aura.

- »*Ich bin Raziel*« hilft uns, spirituelle und esoterische Informationen zu verstehen.

- »*Ich bin Sandalphon*« verbindet uns mit der göttlichen Weisheit, die durch uns fließt.

- »*Ich bin Uriel*« verbindet unseren Geist mit dem Licht Gottes und befähigt uns, die Antworten zu finden, die wir suchen.

- »*Ich bin Zadkiel*« hilft uns, das Richtige zu tun.

Affirmationen, um Engel miteinzubeziehen:

- »*Ich spreche meine Wahrheit mit Leichtigkeit im Wissen, dass Erzengel Gabriels Kraft bei mir ist.*«

- »*Ich bin sicher und beschützt vom Licht des Erzengels Michael.*«

- »*Mein Körper ist heil und ganz im Licht von Erzengel Raphael.*«

- »*Ich bin inspiriert und werde geführt vom Licht des Erzengels Uriel.*«

Teil 3

VERZEICHNIS DER GEBETE

Einführung

Gebete können bei jeder Erfahrung im Leben miteinge-
bunden werden. Wir können beten, um uns für unser
Essen zu bedanken, für die Geburt eines Kindes oder wenn
eine Gesundung unseres Körpers eingetreten ist. Egal was es
auch für einen Grund zu beten geben mag, ist es immer güns-
tig, höhere Mächte willkommen zu heißen, uns zu öffnen und
uns für göttliche Gebote bereitzuhalten, um unsere Situation
auszubalancieren.

Auf den folgenden Seiten werden Sie eine Auswahl von
Gebeten finden, die extra so eingeteilt worden sind, dass Sie
leichten Zugang zu den Gebeten haben, die Sie unterstützen
werden, wann immer Sie sie brauchen.

In der ersten Sektion habe ich Gebete aufgelistet, die Ihre
tägliche Routine verbessern. In der nächsten Sektion sollte jeder andere Belang aufgelistet sein oder zumindest etwas Ähnliches, um Ihnen Inspiration und Ermutigung zu geben und
sich so des Himmels Hilfe nutzbar machen zu können.

Tägliche Gebete

Vier kurze Gebete an Ihre Schutzengel

»Danke, Engel, dass ihr mich mit eurem Licht umgebt.
Ich übergebe euch meinen Tag im Wissen,
dass nur Gutes vor mir liegt!«

»Göttliche Engel, ich lasse los und erlaube euren Flügeln,
mich heute voranzutragen. Danke schön!«

»Engel umgeben meinen Tag mit ihrem Licht.
Ich weiß, ich werde geliebt und beschützt!«

»Danke, ihr Engel, dass ihr meinen Tag beschützt.
Es ist gut zu wissen, dass ihr da seid!
Danke, dass ihr mich an eure Gegenwart erinnert!«

Alltagsgebete

Den Tag auf eine positive Art zu beginnen ist eine der wichtigsten Sachen, die Sie tun können. Louise L. Hay, die Gründerin des Verlags Hay Houses, sagte kürzlich: »Die Art, wie Sie den Tag beginnen, ist, wie Sie den Tag leben!«, und da hat sie vollkommen recht. Wenn Sie die Qualität Ihres Lebens verbessern wollen, ist es essenziell, Ihren Tag dem Göttlichen zu öffnen und mit einem Gefühl der Dankbarkeit durch den Tag zu gehen.

Aufwachen

»Danke, Engel und Universum, dass ihr meinen Körper mit Vitalität und Energie füllt. Es ist so gut, am Leben zu sein! Während ich den Tag beginne, erkenne ich das Göttliche in mir an und weiß, dass dies ein großartiger Tag ist! Und so ist es!«

Unter der Dusche/im Bad

»Dank dir, Himmel, dass das Wasser einen reinigenden Effekt auf meinen Körper hat. Während ich meine Haut reinige, lasse ich alles los, was ich nicht mehr brauche, und ersetze es durch Liebe, Akzeptanz und euer Licht. Ich bin sicher und stark!«

Pünktlich sein
(besonders wenn Sie schon spät dran sind)

»Danke, Erzengel Metatron und Engel der Zeit, dass ihr mich unterstützt und mich wieder auf die richtige Spur bringt. Ich weiß, dass alles zur rechten Zeit geschieht und perfekt ist. Alle Straßensperren vor mir werden beseitigt, da ich mir einen positiven Tag kreiere! Und so ist es!«

Verzeichnis der Gebete

Dem Essen danken

»Danke, Gott und Engel, für das Essen, das ich gerade esse.
Es ist voll Licht, und die Nahrung befriedigt die Bedürfnisse
meines Körpers. Ich bin gesegnet und gesund. Und so ist es!«

Hausputz und Energiereinigung

»Danke, Himmel, dass du mein Zuhause mit Licht durchflutest.
Während ich den Staub wegfege, erlaube ich dir, ihn durch
Liebe und Heiterkeit zu ersetzen. Ich reinige die Seele
meines Zuhauses und bin hier im Frieden. Und so ist es!«

Verstärken Sie Ihre Energie während des Tages

»Danke, ihr Engel und Erzengel Uriel, dass ihr mein ganzes
Wesen mit Vitalität erfüllt. Ich leuchte wie die Sonne und
drücke meine Freude zu leben in vollen Zügen aus!«

Alphabetisches Gebetsverzeichnis

ABNEHMEN

»Danke, ihr Engel, dass ihr meinen Körper segnet. Er ist so ein schöner und sicherer Ort. Es fühlt sich wundervoll an, ein paar Pfunde zu verlieren, die ich nicht mehr brauche. Und so ist es!«

ABSCHALTEN

»Danke, ihr Engel, dass ihr meine Energie von allen äußeren Quellen trennt, wenn ich mich entspanne und in mich gehe. Ich bin sicher und frei!«

BARMHERZIGKEIT

Siehe *Erzengel Zadkiel* und *Vergebung*

BEZIEHUNGEN

Chamuel ist der Engel der Liebe, und Raphael kann einer Beziehung Heilung und Unterstützung bringen. Wenn Dinge »falsch« laufen, können Raguel und Zadkiel Frieden, Harmonie und Vergebung schaffen.

Erlaube dir, zu vertrauen

»Danke, ihr Erzengel Chamuel und Raphael, dass ihr mich unterstützt, wenn ich mein Herz öffne, um die Liebe zu empfangen, die ich verdiene, und dass ihr mir helft zu erkennen, wann ich mir erlauben sollte zu vertrauen. Ich gebe meinen Beziehungsstatus an Gott ab und erlaube ihm, mich liebevoll zu führen! Und so ist es!«

Verzeichnis der Gebete

Verbindung mit einer Zwillingsflamme

»*Danke, ihr Engel, dass ihr mir helft, meine Zwillingsflamme zu erkennen, sie zu verstehen und mich mit ihr zu verbinden, sodass ich noch mehr lernen und wachsen kann in meinem Leben. Ich übergebe euch das. Und so ist es!*«

Einen Seelengefährten finden

»*Danke, Erzengel Chamuel, dass du mich liebevoll in meine Seelenpartnerschaft führst, sodass ich die Liebe, die ich verdiene, empfangen kann. Ich öffne mein Herz jetzt der Leidenschaft, Erfüllung und Liebe. Ich bin offen zu empfangen!*«

Harmonie und Heilung

»*Danke, ihr Erzengel Raguel und Raphael, dass ihr unsere Beziehung mit harmonischer Liebe umgebt. Ich liebe meinen Partner sehr und erlaube euch, uns zu einem Ort zu führen, wo wir uns mit Ehrlichkeit und Demut öffnen können. Unsere Liebe allein wird uns durch diese Zeit führen, aber ich weiß, dass mit eurer Hilfe Wunder möglich sind. Und so ist es!*«

Eine Beziehung stärken

»*Lieber Erzengel Michael, Erzengel Chamuel und ihr Engel, danke, dass ihr eure Kraft und euer Licht in unsere Beziehung ausgießt und dass ihr uns mit Leib, Seele und Verstand zu einem ausgeglichenen Ort führt! Und so ist es!*«
(Siehe auch *Scheidung und Romantik*)

CHAKREN

Wenn man Erzengel Metatron anruft, benutzt er seine kristallinen und magentafarbenen Strahlen, um die Chakren auszubalancieren und zu reinigen.

Alphabetisches Gebetsverzeichnis

Ausbalancieren

»Ich danke dir, Metatron, dass du deinen Lichtstrahlen erlaubst, meine Chakren auszubalancieren und zu stärken. Ich fühle mich lebendig und verbunden im Wissen, dass meine spirituellen Energien in Balance sind. Und so ist es!«

Reinigen

»Lieber Metatron, danke, dass du meine Energie mit deinen kristallinen Strahlen reinigst. Ich weiß nun, dass sie bewegt wurden, um die Blockaden und Schwachstellen zu beheben, sodass sie in natürlichem Fluss und in Balance sind. Und so ist es!«

DURCHSETZUNGSVERMÖGEN

»Danke, ihr Engel, dass ihr mein Durchsetzungsvermögen gestärkt habt. Ich bin stark und mutig und habe die Fähigkeit, standhaft zu sein, da ich weiß, ihr seid jetzt bei mir. Ich bin angefüllt mit Rechtschaffenheit und fühle mich absolut sicher! Und so ist es!«

EGO

Dem Ego Liebe senden

»Engel der göttlichen Liebe, ich danke euch, dass ihr meinem Ego euer Licht gesendet habt und mich daran erinnert, dass nur die Liebe real ist. Indem ich meine Gedanken auf euch ausrichte, erlaube ich meiner Intuition, göttlich geführt zu werden!«

Die Ego-Stimme verstummen lassen

»Ich danke euch, Engel, dass ihr die Stimme meines Ego habt verstummen lassen, sodass ich meine Intuition und göttliche Intelligenz hören kann. Und so ist es!«
(Siehe auch *Jophiel*)

Verzeichnis der Gebete

EHE
Siehe *Beziehungen*

ENTGIFTUNG
»Ich danke Raphael und allen heilenden Engeln, dass sie mich dabei unterstützen, das loszulassen, was meiner Bestimmung und meinem Körper nicht mehr weiterhilft. Ich treffe diese bewusste Entscheidung, um mein ganzes Wesen mit gesunder Energie zu füllen! Ich bin sicher und stark!«

ENTSCHEIDUNGEN

Die richtige Entscheidung treffen
»Ich danke euch, Engel, dass ihr mich liebevoll lenkt, um die beste Lösung für diese Situation zu finden. Ich erlaube meiner Intuition, mich zu führen, sodass es richtig für alle Beteiligten ist! Und so ist es!«

ESSEN

Genug haben
»Liebe Engel, danke für eure Unterstützung, sodass ich genug Vorrat an Lebensmitteln habe. Ich weiß, es ist immer mehr als genug! Und so ist es!«

Gesunde Ernährung
»Lieber Erzengel Raphael und Engel der Gesundheit, danke, dass ihr mich dabei unterstützt, das Essen auszuwählen, das der Gesundheit meines Körpers guttut. Dank euch, liebe Engel, dass ihr mir bei einer Ernährungsweise helft, die mir erlaubt, gänzlich erfüllt zu sein. Und so ist es!«

Alphabetisches Gebetsverzeichnis

FAMILIE

»Ich danke euch, Friedensengel, dass ihr meine Familie mit eurem heiteren Licht bescheint und uns dahin führt, wo wir hingehören!«

FINANZEN

Geldreserven für Notfälle

»Liebe Engel, ich überlasse euch meine finanzielle Situation im Wissen, dass meine Notfallbedürfnisse von euch gewährleistet werden! Ich bin offen für das Empfangen von Fülle, auf die ich Anspruch habe. Danke!«

Finanzielle Einsichten gewinnen

»Ich danke dir, Erzengel Uriel, dass du dein Fackellicht über meine Finanzen sendest, sodass ich verstehen kann, wo ich mich verbessern kann oder gänzlich gesunden muss. Danke, dass du meinen Verstand zu lukrativen Ideen und Einsichten führst. Und so ist es!«

Verbessern

»Göttliche Engel der Fülle, danke, dass ihr euch um mein finanzielles Wohlergehen sorgt und mich zu der Fülle führt, die mir zusteht. Mein Einkommen wird höher, während ich erkenne, dass es mein spirituelles Recht ist, unterstützt zu werden! Und so ist es!«

Investitionen

»Ich danke euch, Engel, dass ihr dieses Geschäftsunternehmen liebevoll unterstützt, sodass ich weiß, meine Investitionen sind zu meinem Besten! Ich überlasse euch die Leitung dieser Situation. Und so ist es!«

Finanzmanagement

»Ich danke euch, Engel, dass ihr eure Liebe über meine Finanzen schüttet. Ich lasse alle meine Ängste deswegen los im Wissen, dass ihr mit euren himmlischen Augen darüber wacht!«

FOKUS

Ablenkung vermeiden

»Ich danke euch, ihr Engel, dass ihr meine Konzentration in dieser Zeit unterstützt. Ich erlaube meiner Zeit und meiner Energie, sich dieser Situation zu widmen im Wissend dass es für mich zu meinem Besten ist. Und so ist es!«

Unterstützung bei einem Projekt

»Liebe Engel der Inspiration, danke, dass ihr mich bei meinem Projekt unterstützt und mir erlaubt, meine Kreativität auszudrücken. Ich weiß, dass ich durch eure Leitung der Beste bin, der ich sein kann! Und so ist es!«

FRAUENTHEMEN

Erzengel Ariel und Haniel haben eine besonders starke Verbindung zu Frauen und können Sie unterstützen, Ihre innere Göttin in jeglicher Situation, in der Sie Unterstützung oder Heilung brauchen, anzuzapfen.

Weiblichkeit

»Lieber Erzengel Haniel und ihr Engel, danke, dass ihr mir erlaubt, mich als starke, zentrierte Frau zu sehen und zu glauben, dass das ein Teil dessen ist, wer ich bin. Danke, Ariel, dass du mir den Mut gibst, meine Weiblichkeit auszudrücken, sodass ich von innen nach außen strahlen kann. Und so ist es!«

Alphabetisches Gebetsverzeichnis

Menopause

»Lieber Haniel, danke, dass du mich zum nächsten Zyklus der Weiblichkeit leitest. Ich akzeptiere diese natürlichen Veränderungen in meinem Körper als ein Symbol meines Wachstums und der Entwicklung in meinem Leben. Es ist eine Freude, eine Frau zu sein und die nächste Phase meiner Reise anzutreten. Ich fühle mich stark und kräftig im Wissen, dass du mich da durchführst. Und so ist es!«

PMS

»Ich danke dir, Erzengel Haniel, dass du mir erlaubst, den natürlichen Zyklus meines Körpers zu adaptieren, und danke dir, Raphael, dem Heiler, dass du mich in dieser Zeit tröstest. Ich weiß, mein Körper ist ein sicherer Ort. Und so ist es!«

Standhalten

»Ich danke dir, Erzengel Ariel, du Löwin Gottes, dass du mir hilfst, dafür einzustehen, an was ich glaube. Ich erlaube meiner Seele, sich mit deinem mutmachenden Licht zu füllen, während ich heute meine Wahrheit sage!«

FREIHEIT

»Engel des Lichts, ich danke euch, dass ihr mich in meinen eigenen Raum und in die Freiheit leitet. Ich weiß, ich bin immer sicher und werde von euch beschützt. Es fühlt sich so gut an, lebendig zu sein! Und so ist es!«

FRIEDEN

»Liebe Engel des Friedens, danke, dass ihr meine Welt segnet, die Erde und das Universum, sodass wir uns die wichtigste Lektion merken können: dass nur die Liebe real ist! Ich fühle mich so gesegnet, diese Wahrheit zu kennen! Und so ist es!«

FÜLLE

Fülle wird definiert als eine Menge von etwas, aber wenn wir darüber mit den Engeln sprechen, repräsentiert es finanzielles Einkommen, die Erfüllung materieller und spiritueller Bedürfnisse und ein Gefühl der Bestimmung. Fülle ist eine Qualität des Geistes, und es ist ganz natürlich, sie zu bekommen. Wenn Sie das Leben leben, das Sie lieben, dann leben Sie bereits in der Fülle.

Kreieren

»Göttliche Engel der Fülle, ich bin so dankbar für die guten Chancen, in meinem Leben jetzt Fülle zu erschaffen. Danke für eure Führung!«

Vermehren

»Danke, Engel, für die Segnungen in meinem Leben. Ich öffne meine Arme, um Fülle zu bekommen, von der ich weiß, dass ich sie verdiene!«

GELD

Siehe *Überfluss* oder *Finanzen*

GERECHTIGKEIT

Wenn Sie in einer bestimmten Situation Gerechtigkeit suchen, geben Sie die Sache an Erzengel Zadkiel ab, der Ihnen Ausgleich bringen wird.

»Lieber Zadkiel, Engel Gottes, ich übergebe diese Situation an dich und weiß, dass du Ausgleich und Mitgefühl hineinbringen wirst. Danke, dass du die Kontrolle übernimmst. Und so ist es!«

Alphabetisches Gebetsverzeichnis

GLAUBE

Vertiefen

»*Ich danke euch, Engel, dass ihr mir erlaubt, klarer zu sehen, zu hören und zu fühlen, sodass ich nicht nur meinen Glauben in euch vertiefe, sondern auch in mich selbst. Danke, Gott, dass du mich ständig an deine Gegenwart in meinem Leben erinnerst. Ich weiß, dass ich diese Reise nicht allein mache, und ich bin dankbar, dass meine Engelsbegleiter bei mir sind und du in meinem Herzen bist!*«

GLÜCK

Ermutigung

»*Danke, ihr Engel der Freude und des Lichts, dass ihr mich an eure Gegenwart erinnert. Danke, dass ihr mir helft, die Freude und Segnungen in meinem Leben zu sehen. Ich fühl mich glücklich und reich, weil ich weiß, dass das Leben, das ich will, hier ist! Und so ist es!*«

Für das Glück anderer beten

»*Liebe Engel der Freude und des Lichts, danke, dass ihr das Leben von [Name] mit eurer Energie und Gegenwart erfüllt. Danke, dass ihr ihn/sie an die Freude erinnert, die er/sie ist, an die Gaben, die er/sie hat, und an das Licht, das er/sie in sich hat. Ich übergebe euch das im Gesetz der Gnade. Und so ist es!*«

GNADE

»*Göttliche Engel der Gnade, ich danke euch, dass ihr meine Seele mit Licht erfüllt habt, sodass ich alle Situationen in meinem Leben mit Klarheit und Mitgefühl sehen kann. Ich fange jetzt an, mit Mitgefühl und Gnade zu leben, so wahr, wie ich hier zuversichtlich und sicher in eurem Licht stehe. Und so ist es!*«

HEILUNG UND GESUNDHEIT

Erzengel Raphael, der Engel der Heilung, wird alle Gebete um Gesundheit und Heilung erhören. Er ist der göttliche Arzt, der direkt mit Gott arbeitet.

Gesundheit und Heilung annehmen

»Lieber Erzengel Raphael und ihr Engel, ich nehme jetzt Gesundheit an. Ich weiß, dass mein Körper geschützt, mein Immunsystem stark ist, mein Blut wunderbar in meinem Blutkreislauf fließt und mein Körper absolut perfekt ist. Alle meine wichtigen Organe sind mit engelsgleichem Heilungslicht erfüllt, weil ich affirmiere, dass mein Körper vollkommen ist. Ich bin geheilt, gesund und munter! Und so ist es!«

Handauflegung

»Danke, ihr Engel des heilenden Lichts, dass ihr meine natürlichen Heilungsfähigkeiten unterstützt, wenn ich meine Hände auf [Name des Klienten] lege, um seine/ihre Heilung und Wohlbefinden zu fördern. Sie/er ist gesund, sie/er ist geheilt. Und so ist es!«

Heilung senden

»Danke, heilende Engel, dass ihr [Name der Person] mit eurem Licht umgebt und ihren/seinen Weg des Wohlbefindens fördert. Ich bete zu euch unter dem Gesetz der Gnade und weiß, dass ihr das Beste für sie/ihn, ihren/seinen Weg und das Wachstum ihrer/seiner Seele tun werdet. Und so ist es!«

HEIRAT

Siehe *Beziehungen*

Alphabetisches Gebetsverzeichnis

INSPIRATION
»*Danke, Erzengel Uriel und liebe Engel des Lichts, dass ihr mich inspiriert, meine inneren Gaben und Talente zu sehen, sodass ich sie mit der Welt teilen kann. Es fühlt sich so gut an, zu teilen! Und so ist es!*«

INTEGRITÄT
»*Danke, Erzengel Gabriel und ihr Engel der Ehrlichkeit, dass ihr mir beisteht, wenn ich meine Wahrheit mit Integrität ausspreche. Ich weiß, dass die Wahrheit die beste Gabe ist, die ich in dieser Situation bieten kann, und ich öffne mein Herz voll Demut. Und so ist es!*«

INTUITION
»*Danke, ihr Engel der göttlichen Führung, dass ihr meine Intuition geöffnet habt, sodass ich der Quelle göttlicher Inspiration, die ständig durch mich fließt, vertrauen kann! Und so ist es!*«

JOB
Siehe *Karriere*

KARRIERE
Erzengel Chamuel und Uriel sind Karriereengel. Chamuel hilft uns, Liebe für das Leben und das Gefühl für unsere Bestimmung wiederzuerlangen. Uriel ist der Engel, der die Dunkelheit erhellt und der uns hilft, Inspiration zu finden.

Sich mit schwierigen Kollegen auseinandersetzen
»*Ich danke euch, Chamuel und Engel, dass ihr die Situation und jeden daran Beteiligten in einen Raum der Liebe versetzt. Ich überlasse alles euch im Wissen, dass jetzt Balance und Harmonie alle Konflikte auflösen werden!*«

Anstellung finden

»Ich danke euch, Uriel und Engel, dass ihr mich zu einer Karriere führt, die alle meine Bedürfnisse erfüllt. Ich fühle mich gesegnet im Wissen, dass ich eine Bestimmung habe!«

Bestimmung erfüllen

»Ich danke euch, Chamuel und Uriel, dass ihr mich meine Bestimmung finden lasst und mich inspiriert, meinen gewählten Weg weiterzugehen! Ich fühle mich lebendig und inspiriert. Ich lasse mein Licht in die Welt strahlen!«

Promotion

»Liebe Engel, ich bin so dankbar für diese Promotion und gehe vorwärts in einen glücklichen und erfüllten Lebensstil. Ich bin begeistert von meiner Karriere und weiß, dass ich diese Aufgabe nach besten Kräften schaffen kann.«

KINDER

Erzengel Gabriel und Metatron sind Engel der Kinder. Gabriel ist ein mütterlicher, nährender Engel, und Metatron unterstützt hochsensible und kreative Kinder. Raphael, der heilende Engel, kann Kindern helfen, deren Gesundheit einer Stärkung bedarf, und Michael kann Kinder beschützen. Auch die Heilige Mutter Maria unterstützt Kinder.

Adoption

»Ich danke euch, Erzengel Gabriel und Engel, dass ihr ein Kind in unser Leben gebracht habt, das wir lieben, unterstützen und dem wir ein glückliches und liebevolles Leben geben können! Wir sind so dankbar, jemanden zu erziehen, der eine zweite Chance verdient hat!«

Alphabetisches Gebetsverzeichnis

Geburt

»*Ich danke euch, Erzengel Gabriel und Mutter Maria, dass ihr mich bei der Geburt meines Kindes unterstützt. Danke, dass ihr mich mit eurem harmonischen und heilenden Licht umgebt und uns erlaubt, bei denen zu sein, die unsere Gesundheit und unser Wohlbefinden unterstützen. Und so ist es!*«

Gebären

Für eine Frau:
»*Lieber Erzengel Gabriel und Engel, ich bin so dankbar, dass ich die Möglichkeit habe, ein Kind zu gebären. Meine mütterliche Instinkte sind da, und ich bin für diesen Wonneproppen so dankbar!*«

Für einen Mann:
»*Lieber Erzengel Gabriel und Engel, danke, dass ihr uns unterstützt habt, ein neues Leben in diese Welt zu bringen. Es gibt uns große Freude, eine neue Seele in diese Welt zu setzen! Dieses Kind wird ernährt und geliebt!*«

Führung

»*Ich danke dir, Erzengel Metatron, dass du so liebevoll [Name des Kindes] im Leben lenkst und ihr/ihm hilfst, Vertrauen zu haben und ihr/sein unbegrenztes Potenzial zu sehen! Ich überlasse dir die Situation zum Wohle aller! Und so ist es!*«

Heilung

»*Ich danke euch, Gabriel, Raphael und Engel, dass ihr [Name des Kindes] mit eurem heilenden, nährenden Licht umgebt. Wir sind so dankbar für ihre/seine vollständige Genesung. Es ist ihr/ihm eine Freude zu leben, und wir überlassen die Situation euch im Wissen, dass das bestmögliche Ergebnis geschaffen wird!*«

Verzeichnis der Gebete

Beschützen
»*Ich danke euch, Metatron, Michael und Engel, dass ihr [Name des Kindes] in schützendes Licht stellt! Wir wissen, dass es sicher ist, wenn ihr euer Licht und eure Flügel um sie/ihn legt!*«

KREATIVITÄT
Erzengel Uriel, der Engel des Lichts, hilft uns, unsere kreativen Talente freizusetzen.

Kreativer Ausdruck
»*Ich danke euch, Engel der Kreativität, dass ihr mir erlaubt, meine kreativen Fähigkeiten und Talente zu erschließen. Ich fühle mich so inspiriert und energetisch, da ich meinen Talenten erlaube zu strahlen!*«

LEBENSZWECK
»*Göttliche Engel, ich danke euch, dass ihr mich dabei unterstützt, meinem Lebenszweck zu dienen. Ich liebe es einfach, im Leben zu dienen. Und so ist es!*«
(Siehe auch *Erzengel Chamuel*)

LEHREN

Für Unterstützung, um dein Wissen zu teilen
»*Danke, ihr Engel, dass ihr mich unterstützt, wenn ich das Wissen, das ich erlernt habe, an andere weitergebe. Ich weiß, dass es mehr als genug Wissen für jeden auf dieser Welt gibt, und vertraue, dass ihr mir helfen werdet, was ich weiß, so gut ich kann zu erklären. Es macht mir große Freude, meine Wahrheit mit allen zu teilen, die lernen und wachsen wollen. Ich bin bereit, zu dienen! Und so ist es!*«

Alphabetisches Gebetsverzeichnis

Für Lehrer

»Göttliche Engel des Wissens, danke, dass ihr mein Klassenzimmer mit eurem ruhigen Licht segnet. Ich weiß, dass dieser Raum ein Spiegelbild dessen ist, was ich in mir fühle, also atme ich tief ein und friedliche, entspannte Gedanken aus. Ich danke Erzengel Gabriel, dass sie mir hilft, deutlich zu sprechen, und Erzengel Haniel, dass sie mir hilft, mit Anmut und Haltung dazustehen. Ich fühle mich absolut überglücklich, wenn ich meine Arbeit mit diesen jungen Seelen teile, die noch beständig wachsen und sich entwickeln. Danke, lieber Gott, dass du meinen Tag leitest. Ich weiß, es wird großartig werden! Und so ist es!«

LEIDENSCHAFT

»Danke, Engel der spirituellen Leidenschaft, dass ihr mein Leben mit eurem Licht segnet, wenn ich mich auf die Segnungen in meinem Leben konzentriere, die alle meine Bedürfnisse stillen. Ich bin ein leidenschaftliches, spirituelles Wesen, das Leidenschaft bei jeder Gelegenheit erzeugt und ausdrückt! Und so ist es!«

LEITUNG

»Danke, ihr Engel, dass ihr mir erlaubt, auf meinen eigenen zwei Füßen zu stehen, und dass ihr mich auf den Weg zur Liebe führt. Ich weiß, dass ich die Veränderung sein kann, die ich in der Welt sehen möchte. Danke, dass ihr mir den Mut gebt, dieses Ziel zu verfolgen. Ich weiß, ihr wollt nichts als Glück für mich. Ich erlaube euch, mich zu führen. Und so ist es!«

LIEBE

»Liebe Engel der Liebe, danke, dass ihr mein Herz mit eurer göttlichen Essenz füllt, sodass ich überall, wo ich hingehe, Liebe sehen, hören und erfahren kann! Gott ist ein Teil von mir, und wenn ich

die Liebe in mir sehe, spiegelt sie sich außen in meinem Leben wider. Das Leben ist einfach so genial, und ich bin die Liebe selbst. Und so ist es!«

MANIFESTATION

»Lieber Erzengel Raziel und Engel des Überflusses, danke, dass ihr mir helft, das Leben zu manifestieren, das ich liebe und verdiene. Ich weiß, dass Gott mich beständig unterstützt, und es fühlt sich fantastisch an! Ich trete zurück und erlaube dem göttlichen Willen, mich zu führen! Und so ist es!«

MEDITATION

»Liebe Engel, danke, dass ihr euch mir in meiner Meditation anschließt und mich mit eurem Licht inspiriert. Ich weiß, wenn ich mir Zeit nehme, um zuzuhören, dann wird mir durch die Meditation eure klare Führung gegeben. Und so ist es!«

MITGEFÜHL

»Ich danke euch, Engel, dass ihr mich [Name der Person/Situation] in einer liebevolleren, mitfühlenderen Weise sehen lasst. Ich weiß, dass ich mein Herz der bedingungslosen Liebe öffne, indem ich einer anderen Person diene.«
(Siehe auch *Erzengel Zadkiel*)

MOTIVATION

»Danke, Engel, dass ihr mich motiviert, mein Potenzial zu sehen, das ich diesem erstaunlichen Leben und dem Planeten bieten kann. Ich fühle mich inspiriert und energetisiert allein durch eure Gegenwart! Und so ist es!«

MUSIK

Erzengel Sandalphon, der Herr des Liedes, wird Ihnen helfen, sich mit der Energie der Musik zu verbinden, sowohl fürs Komponieren als auch für Auftritte.

»Lieber Erzengel Sandalphon und ihr Liederengel, danke, dass ihr mich mit eurer Gegenwart segnet und mich unterstützt, wenn ich mein kreatives Herz öffne und meinen inneren Musiker channel! Ich fühle mich erhaben, weil ich weiß, dass ihr an meiner Seite tanzt! Und so ist es!«

NOTFÄLLE

Sicherheit herstellen

»Ich danke euch, Engel des Schutzes, dass ihr liebevoll alle in dieser Situation [konzentrieren Sie sich auf die betreffende Situation] in Sicherheit bringt. Ich überlasse das euch im Gesetz der Gnade im Wissen, dass ihr es zum Wohle aller macht. Und so ist es!«

Naturkatastrophen

»Liebe Engel Gottes, des Heilens und der Gnade, danke, dass ihr unseren göttlichen Planeten mit eurem Licht bestrahlt. Danke, dass ihr alle unterstützt, die in Not sind, und dass ihr eine Welle der Harmonie und des Heilens überall erzeugt, wo ihr könnt. Ich überlasse euch das im Wissen, dass ihr euer Bestes tun werdet zum Wohle aller!«

Hilfe bekommen

»Danke, Engel, dass ihr die Besten zur Hilfe und Heilung dieser Situation führt! Ich weiß, ihr werdet diejenigen, die fähig sind, inspirieren und dazu führen, dass sie toll beim Heilen und der Wiederherstellung der Balance helfen werden. Und so ist es!«

Verzeichnis der Gebete

ORGANISATION

»Danke, Erzengel Jophiel, dass du das Durcheinander in meinem Gehirn beseitigt hast, sodass ich mein Leben und meinen Terminplan kontrollieren kann. Es fühlt sich wundervoll an, organisiert und vorbereitet zu sein. Ich vertraue, dass nur gute Dinge vor mir liegen, und ich bin immer bereit dafür! Und so ist es!«

PROMOTION

Siehe *Karriere*

RECHTSANGELEGENHEITEN

Erlauben Sie Gott in sehr ernsten Situationen, die Verantwortung zu übernehmen. Er und seine göttlichen Engel werden Sie dann unterstützen.

»Liebe Engel, ich übergebe diese juristische Situation an euch, weil ich weiß, dass dann das Licht der Barmherzigkeit, des Mitgefühls und der Gerechtigkeit darüber fließt. Ich erlaube Gott, die Kontrolle zu übernehmen, und weiß, dass alles, was passieren wird, allen Beteiligten zum Besten dienen wird. Ich weiß, ich bin immer sicher in Gottes Armen. Und so ist es!«

REISEN

»Danke, ihr Erzengel Raphael und Michael, dass ihr mich heute sicher auf meiner Reise führt. Ich weiß, dass es nicht anstrengend sein wird, weil eure Flügel mich mit Schutz, Trost und Liebe umgeben. Und so ist es!«

ROMANTIK

»Engel der Romantik, ich übergebe euch mein Liebesleben, und ich weiß, dass ihr meine Energie mit Liebe segnen werdet. Danke für

Alphabetisches Gebetsverzeichnis

die vermehrte Romantik in meinem Leben. Je mehr ich erlebe, desto mehr liebe ich mich selbst! Und so ist es!«

SCHEIDUNG

Rufen Sie Raguel und Zadkiel an, die Engel der Gerechtigkeit, Ihnen dabei zu helfen, energetische Verpflichtungen aufzulösen und Harmonie herzustellen, während Sie und Ihr Partner getrennte Wege gehen.

Harmonie herstellen

»Erzengel Raguel, göttlicher Engel der Gerechtigkeit, danke, dass du mich [und meinen Expartner] mit einem Raum der Harmonie umgibst. Ich erlaube einer Welle der inneren Gelassenheit, über diese Seele und ihr Leben zu kommen, während ich um eine angenehme Trennung bitte! Und so ist es!«

Auflösung einer Ehe

»Ich danke dir, Erzengel Zadkiel, dass du meiner Ehe mit [Name] erlaubst, aufgelöst zu werden. Mit der violetten Flamme verwandle ich jedes Klagen und jeden Groll, so wie ich mich selbst freisetze, in Liebe. Ich bin mit Mitgefühl ausgefüllt, wenn ich weiter vorangehe, furchtlos unterstützt vom Geist Gottes. Und so ist es!«

(Siehe auch *Beziehungen*)

SCHLAF

»Engel der Liebe und der Ruhe, danke, dass ihr mich umgebt, wenn ich mir erlaube, in einen tiefen und erholsamen Schlaf zu sinken. Ich bin sicher und beschützt durch euer Licht. Und so ist es!«

SCHREIBEN

Siehe *Kreativität*

Verzeichnis der Gebete

SCHUTZ

»Danke, Erzengel Michael, dass du mich mit deinem sanften blauen Licht des Schutzes umgibst. Ich weiß, ich bin sicher, wenn du mir nah bist! Und so ist es!«

SCHWANGERSCHAFT

»Danke, Erzengel Gabriel und ihr Engel, dass ihr mir helft, das perfekte, gesunde Kind zu erzeugen, das ich verdiene. Ich bin hocherfreut, eine Frau zu sein und Leben auf dieser Welt kreieren zu dürfen. Ich bin glücklich, gesund und reich. Und so ist es!«
(Siehe auch *Erzengel Gabriel und Kinder*)

SELBSTWERTGEFÜHL

Sprechen Sie dieses Gebet, während Sie Ihre Arme bequem um sich schlingen:

»Gnädige Engel Gottes, danke, dass ihr mir helft, meine erstaunliche Persönlichkeit zu entdecken. Ich bin überglücklich, meine Verbindung zu mir selbst zu stärken!«

SEXUALITÄT

»Göttliche Engel Gottes, danke, dass ihr mir erlaubt, mich liebevoll selbst anzunehmen und meine Sexualität anzuerkennen. Sie ist ein wahrer und spiritueller Teil meines Selbst, den ich jetzt sehe und annehme. Es fühlt sich so gut an, mit Freude und Leidenschaft für das Leben erfüllt zu sein! Und so ist es!«

SPIRITUELLES WACHSTUM

»Engel des Lichts, danke, dass ihr mir den Weg zu spirituellem Wachstum erleuchtet. Meine Verbindung und meinen Glauben zu verstärken ist mein Fokus.«

STÄRKE

»Danke, Erzengel Michael, dass du mir erlaubst, die spirituelle Stärke anzuzapfen, die mich in allen Bereichen meines Lebens unterstützt. Meine Füße sind bodenständig, stabil und standfest! Und so ist es!«

STREITEREIEN UND ANDERE KONFLIKTE

Appellieren Sie an den Erzengel Raguel, um in jede Art von Konflikt Frieden und Harmonie zu bringen.

Frieden schaffen

»Ich danke euch, Friedensengel, dass ihr die Situation mit Licht umgebt. Raguel, ich bin so dankbar, dass du allen Beteiligten Frieden bringst! Und so ist es!«

Loslassen

»Lieber Erzengel Raguel, liebevoll überlasse ich dir diese Situation und weiß, dass sich von diesem Moment an darum gekümmert wird. Und so ist es!«

Entscheidung

»Ich danke dir, Raguel, und Friedensengel, dass ihr diese Situation löst. Ich erinnere mich, dass nur die Liebe real ist, und erlaube, dass eine Welle der positiven Energie durch alle Beteiligten strömt. Und so ist es!«

TIERE

Appellieren Sie an Erzengel Ariel, den Engel der Tiere, um Haustiere und wilde Tiere zu führen und zu beschützen. Sie arbeitet mit Michael für besonderen Schutz und mit Azrael, wenn Tiere vor dem Übergang stehen.

Heilung für Tiere

»*Danke, Ariel, Raphael und Engel, dass ihr [Name des Haustieres] mit eurem heilenden Licht umrahmt. Ich bin so dankbar für ihre/seine Gesundheit und dass ihr sie/ihn wieder gesund macht. Euer Licht erlaubt ihr/ihm, sich behaglich und sicher zu fühlen. Alles in der Welt ist heil und zum Besten aller. Und so ist es!*«

Verlorene Tiere

»*Danke, Ariel und Engel, dass ihr [Name des Tieres] liebevoll nach Hause geleitet. Ich weiß, dass es unter eurer Beobachtung sicher ist, und ich bin so glücklich, wieder mit ihm vereint zu sein. Ich überlasse euch meine Sorgen über diese Situation im Wissen, dass sie zum Besten für alle geregelt wird. Und so ist es!*«

Tiere beschützen

»*Ariel, Michael und göttliche Engel, danke, dass ihr jetzt eure Flügel um [Name des Tieres] legt. Erlaubt ihr/ihm, sich wohl und stark zu fühlen. Führt sie/ihn in die Sicherheit und ins Glück. Ich überlasse euch die Situation. Und so ist es!*«

Ein Tier beim Übergang unterstützen

»*Ich danke euch, Ariel, Azrael und Engel des Lichts, dass ihr dieses göttliche Tier so liebevoll nach Hause begleitet. Es ist jetzt Zeit, wieder heimzukehren! Es ist sicher in eurem Licht!*«

Wilde Tiere

»*Ich danke dir, Ariel, dass du dein Licht auf das Tier [erwähnen Sie seine Situation] scheinen lässt und es in Sicherheit bringst! Alles ist gut unter dem Gesetz der Gnade!*«

Alphabetisches Gebetsverzeichnis

TRÄUME

Mit Engeln durch Träume verbinden
»Danke, liebe Engel, dass ihr mir Liebesbotschaften und Unterstützung durch meine Träume sendet. Danke für die Segnungen, die ihr meinen Träumen durch eure Gegenwart gebt. Auf diese Weise erlaubt ihr unserer Verbindung zu wachsen und stärker zu werden. Ich fühle mich so inspiriert und liebe es, dass ihr bei mir seid!«

Schutz vor Albträumen
»Lieber Erzengel Michael und Engel Gottes, danke, dass ihr in mein Herz eingetreten seid und mich während des Schlafs beschützt. Ich fühle mich so sicher und entspannt im Wissen, dass eure Liebe mich in einen tiefen Schlaf führt, voll Liebe und Inspiration. Und so ist es!«

Sich an Träume erinnern
»Engel des Traumreichs, ich danke euch, dass ihr mir beim Erinnern meiner Träume und beim Lernen daraus helft. Ich erlaube mir, das versteckte Wissen anzuzapfen, das sie für mich bereithalten. Und so ist es!«

TRAUERFALL
Siehe Trauer

TRAUERN
Erzengel Azrael, der Engel des Übergangs, wird die Herzen derjenigen trösten und heilen, die sich zurückgelassen vorkommen oder mit einem Verlust kämpfen.

Das Herz heilen

»Ich danke euch, Erzengel Azrael und Engel, dass ihr mit eurem
heilenden Licht um mich seid. Ich erlaube meinem Herzem zu heilen, da ich mich erinnere, dass es keine Trennung zwischen Himmel
und Erde gibt. Ich weiß, dass meine Angehörigen die Flügel sind,
die mich vorantragen. Und so ist es!«

Jemandem in Not Heilung senden

»Ich danke euch, Erzengel Azrael und Engel, dass ihr zu dieser Zeit
der Not um [Name der Person] seid. Ich danke euch dafür, dass ihr
sie/ihn zu einem sicheren und liebevollen Ort bringt. Ich bete im
Gesetz der Gnade und überlasse euch den Rest. Und so ist es!«

Sich selbst erden

Versichern Sie sich bei diesem Gebet, dass Ihre Wirbelsäule
gestreckt ist und beide Füße auf dem Boden sind.

»Liebe Engel der Erde, mit den Füßen auf dem Boden und gerader Wirbelsäule erlaube ich meiner spirituellen Energie, sich mit
jedem wichtigen Organ meines Körpers zu verbinden. Jede extra
Energie kann in den Planeten gehen und ihn heilen. Ich erlaube
jetzt Lichtkordeln, aus meinen Füßen zu kommen und die Erde
zu durchbrechen, indem sie mich im Boden verankern, mir Sicherheit verleihen und Stabilität. Ich bin geerdet, sicher und stark. Und
so ist es!«

ÜBERSINNLICHE FÄHIGKEITEN

Sich öffnen

»Liebe Engel, danke, dass ihr mein spirituelles Bewusstsein öffnet,
sodass ich mir bewusst werden kann, wer und was mich umgibt. Ich

öffne jetzt mein drittes Auge, um Liebe und Weisheit vom Himmel klar wahrnehmen zu können, im Namen des Heiligen Geistes. Und so ist es!«

Sich schließen

»Danke, Gott und ihr Engel, für alles, was ich empfangen habe. Ich bete, dass alle übrige Energie um mich herum zurück ins Universum genommen und dort verwendet wird, wo sie gebraucht wird. Ich sage das im Gesetz der Gnade, wenn ich jetzt mein drittes Auge schließe und entspanne. Und so ist es!«

VERGEBUNG

Einen Missbrauch vergeben

Das mag eine Zeit dauern, aber die Engel werden Sie dabei unterstützen.

»Liebe Engel der Vergebung, danke, dass ihr mich heilt, während ich meine vergangene Situation auflöse als die Illusion, die sie war, und mich daran erinnere, dass nur die Liebe real ist. Ich danke euch, dass ihr alle Beteiligten segnet und mich liebevoll in die Sicherheit leitet. Ich weiß nun, dass ich sicher bin – von euch geführt und von der Liebe! Und so ist es!«

Einem Kind vergeben

»Liebe Engel, ich danke euch, dass ihr mir erlaubt, die Unschuld dieses Kindes zu sehen und ihm zu vergeben. Danke, dass ihr uns alle zu einem sicheren, liebevollen Platz führt, wo wir heilen können und uns von Problemen lösen, die uns nicht länger guttun. Und so ist es!«

Einem Elternteil vergeben

»Liebe Engel, ich danke euch, dass ihr mir helft zu sehen, dass auch meine Eltern Kinder Gottes sind, die ihr Bestes geben, obwohl sie vielleicht nicht immer die besten Entscheidungen in der Vergangenheit getroffen haben. Ich liebe sie, vergebe ihnen und sende ihnen Segen, sodass auch sie sehen, dass nur die Liebe real ist. Und so ist es!«

Allen Beteiligten in einer Situation vergeben

»Ich vergebe und mir wird vergeben, während ich die Situation an den Himmel übergebe. Ich danke euch, Engel, dass ihr die Energie, die mich festhielt, aufgelöst habt, sodass ich mich selbst befreien konnte! Und so ist es!«
(Siehe auch Erzengel Jeremiel und Zadkiel)

VERLORENE DINGE

»Danke, Erzengel Sandalphon, dass du mich liebevoll zu meinem [verlorener Gegenstand] führst, indem du durch meine Träume und meine Intuition sprichst. Ich weiß, ich werde inspiriert, es durch dein wundervolles Licht wiederzufinden! Und so ist es!«

WAHRHEIT

Siehe Integrität

WUNDER

»Danke, Himmel, ich gebe diese Situation an dich ab und weiß, dass sich das Wunder einstellen wird, wenn ich mich auf Liebe fokussiere. Und so ist es!«
(Siehe auch Erzengel Jeremiel)

Alphabetisches Gebetsverzeichnis

YOGA

»*Danke, Erzengel Raziel, dass du mich unterstützt, aus dem Yoga Wissen und Weisheit zu ziehen. Ich weiß, dass auch mein Verstand und meine Seele wachsen, wenn ich mich mit meinem Körper verbinde. Danke, dass du mich inspirierst zu lernen, mit Leichtigkeit zu atmen und Yogahaltungen einzunehmen. Und so ist es!*«

ZEIT

»*Danke, Erzengel Metatron, dass du mir hilfst, pünktlich zu sein und zu erkennen, was meine wahren Prioritäten sind. Ich weiß, dass mein Tag immer nach göttlicher Zeit verläuft! Und so ist es!*«

ZIELE

Erreichen

»*Liebe Engel, ich danke euch, dass ihr mir helft, während ich mich auf dieses Ziel fokussiere. Ich bin so leidenschaftlich mit diesem Thema beschäftigt und fühle mich so begeistert, denn ich habe mir meine Träume erfüllt. Es fühlt sich toll an zu wissen, dass ich ständig immer mehr erreiche. Und so ist es!*«

Setzen

»*Ich danke dir, lieber Erzengel Uriel, dass du mir Inspiration und Licht geschenkt hast, als ich mir meine Ziele für die Zukunft setzte. Ich weiß, dass mit deiner Unterstützung alles möglich ist.*«

ZUHAUSE

Segne dein Zuhause

»*Göttliche Engel der Ruhe, danke, dass ihr eure Welle von Licht durch und über mein Zuhause fluten lasst. Der Raum ist positiv,* rein und sicher. Liebe fließt frei darin. Mein Zuhause ist gesegnet und voll Überfluss! Und so ist es!«

Das perfekte Zuhause finden

»Danke, Erzengel Jophiel und ihr Engel, dass ihr mich liebevoll zu meinem perfekten Zuhause führt, das ich und meine Familie brauchen! Und so ist es!«

Danksagung

Ich möchte meiner Mutter, Diane Gray, danken, die mir mein Leben lang eine riesige Unterstützung war. Du bist mein Erdengel, und ich bin so dankbar, dass ich dich als Mutter habe! Danke, dass du dich um das Tagesgeschäft von *Kyle Gray UK* kümmerst und an die Kraft des Jetzt glaubst. Ich liebe dich!

Zudem möchte ich meinem Vater danken. Viele sagen, dass ich dein direktes Ebenbild bin. Also danke für das gute Aussehen und meinen Hitzkopf! Danke auch, dass du immer an mich geglaubt und mich außerdem erinnert hast, dass man nicht ständig 24 Stunden am Tag arbeiten kann.

Ein besonderer Dank gilt auch Clare Hulton, meiner Agentin. Dich haben auf jeden Fall die Engel geschickt. Du hast an meine Ideen geglaubt (selbst wenn sie ziemlich abgefahren waren) und hattest wirklich viel Geduld mit meinen Änderungen in letzter Minute.

Ich liebe euch: Caroyln Thorne, Jo Burges, Michelle Pilley und überhaupt alle von *Hay House UK*! Ihr seid einfach spitze! Ich habe wirklich das Gefühl, mein spirituelles Zuhause gefunden zu haben, und ihr seid meine spirituelle Familie. Ganz viel Liebe auch an das Lektorat – besonders falls meine Zeichensetzung mal wieder gruselig war.

Vielen Dank an Leigh Fergus, der inzwischen nicht nur ein lieber Freund ist, sondern auch mein Mentor. Du hast mir so viel über mich beigebracht, über das Schreiben und darüber, dass man immer mit Anstand und Aufrichtigkeit sprechen sollte. Du bist ein Reiki-Engel und bist hier, um vielen Leuten beizubringen, wie sie besser mit sich selber klarkommen – ha, ha!

Danksagung

Ein besonderes Dankeschön auch an Diane Etherson, meine Seelenschwester, die immer ein offenes Ohr für meine verrückten Ideen hat und diese auch versteht, wenn niemand sonst das tut!

Einen Riesenapplaus außerdem für meine tollen Freunde Teri, Jennifer, Amanda, Heather, Scott, Ryan, Jonny, Toni, Ayden, John, Drew, Olivia, Andrew, Lauren, Ross und Sean! Ihr seid allesamt brillant, und ich glaube fest an euch!

Pure Liebe.
Namaste.

Das Rundumpaket für ein erfülltes Leben

**INGRID KRAAZ VON ROHR
GABI PÖRNER**
Das Phoenix-Prinzip
240 Seiten
€ [D] 8,99 / € [A] 9,30
sFr 12,50
ISBN 978-3-548-74565-7

Ein praktisches Werkzeug, mit dem Sie über Ihre Gedanken- und Gewohnheitsmuster hinauswachsen, Klarheit gewinnen und mit Ihrer wahren Natur in Verbindung kommen können. Sie können antrainierte Perspektiven wechseln, bewusst neue Möglichkeiten für Ihr Leben entwickeln und diese aktiv umsetzen.

Das Pendant zum Tibetischen Totenbuch

OTMAR JENNER
Das Buch des Übergangs
Spirituelle Sterbebegleitung
496 Seiten, € [D] 10,95
ISBN 978-3-548-74480-3

Der Einzug der Seele in den Körper

OTMAR JENNER
Das Buch der Ankunft
Der Weg der Seele
bis zur Geburt
416 Seiten, € [D] 9,99
ISBN 978-3-548-74564-0

Der Superbestseller aus Brasilien

AUGUSTO CURY
Der Traumhändler
272 Seiten
€ [D] 16,99 / € [A] 17,50
sFr 23,90
ISBN 978-3-7934-2231-0

Was wäre, wenn jemand uns heute die christliche Botschaft vorlebte – würden wir ihm folgen? Ein geheimnisvoller Mann streift durch die Straßen der Großstadt und verkauft Träume an Menschen, die es längst nicht mehr wagen zu träumen. *Ein Betrüger? Ein Psychopath? Ein Weiser? Ein Philosoph?*